媽媽這一行

爾瑪・邦貝克 Erma Bombeck—著
林靜華—譯

Motherhood:
The Second Oldest Profession

好讀出版

目次

爾瑪媽媽經

編按：考慮此書完成的年代與國情差異，為不減讀者閱讀本書的順暢度與趣味性，書中提及的美元金額，均以當時約略匯率換算為今日的新台幣。

推薦序

媽媽是孩子最好的保庇

王彩樺
B咖天后
小林志玲和小蔡依林的媽媽

《媽媽這一行》在書籍開頭之處就有一句非常耐人尋味的話，書裡說媽媽是世上第二古老的職業。它不問年齡、地位、宗教信仰、健康、國籍、種族、經濟條件、方便與否，或過去有無經驗，它是自古至今規模最大的在職訓練計畫。

說真的，要做好媽媽真的不容易！這是一個異常艱難的行業。因為從孩子呱呱落地之後就要立即上工，而且工作無所不包，能參考的範例也不多。通常媽媽只能用「做中學」的方式來學習，要成為媽媽之後才知道該如何學習成為一位好媽媽！

我在十一個月大的時候就沒有媽媽，在極度缺乏母愛的環境下長大，也因為如此，幾乎沒有任何跟媽媽有關的記憶，沒有參考範例足以遵循，所以我在確定自己懷孕之前，就開始擔心自己無法成為一位好媽媽！

果不其然，我那缺乏母愛的潛意識果然讓我走岔了路、讓我無法拿捏媽媽的分寸。因為我的童年要什麼沒什麼，所以成為媽媽之後，我總是希望將自己童年無法擁有的夢想，在下一代身上實現；自己童年所不能擁有的，希望能全部都給自己的小孩。

後來，我發現我在「媽媽這一行」的表現的確不太理想！所以我連忙修正方向，告訴自己，絕對不能成為一位讓小孩予取予求的媽媽，我一定要讓自己的孩子在生活細節上懂得知福惜物的道理，學會正確的金錢觀、謙和有禮，以及分享的真諦。

雖然如此，我現在還是把我兩個小寶貝當成A咖來看待。在我的心目中，大女兒就是林志玲，小女兒就是蔡依林，我以自己在演藝圈的經驗告訴她們：「你們的媽媽就是B咖，但是我所認識的A咖幾乎個個都是謙和有禮、鮮少有欺負B咖的情事發生，能夠對B咖好的人，才有資格成為真正的A咖！」

很開心的是——我的林志玲與蔡依林都聽進我的道理，所以她們現在都已經瞭解分享的真諦，算是懂得謙遜之道的A咖小孩！所以這就是我這些年最滿足的事情，我終於可以跟世界大聲宣告：「我在『媽媽這一行』算是非常稱職！我是孩子最好、最好的『保庇』！」

推薦序

讓人同情共感的《媽媽這一行》

陳安儀
人氣親子部落客
「媽媽play」親子聚會創辦人
桐桐和青青姊弟倆的媽媽

我有一個女朋友，剛失婚沒多久，又交了一個大家都不看好的男朋友。有一天深夜，我與她促膝長談，婉言勸她再多觀察一陣子，不要太快跳入另一場婚姻；但她熱戀正熾，完全聽不進去。

當她表情決絕、顯示出一意孤行的決心後，我停止了勸說，畢竟，我只是她的朋友，她已經是個成年人，可以為自己負責，我們多年的交情，沒有必要因為一個不相干的男人而翻臉。

但是，突然之間，我的腦海中顯現了一個畫面：如果，今天坐在我對面的，是我女兒呢？

眼看她就要踏入一段婚姻陷阱，嫁給一個我一看就知道不合適的男人，面對她的振振有詞，我會如何反應？

是暴跳如雷的大吼：

「你要嫁他，你就永遠不要再叫我『媽』！」

還是難過的淚如雨下：

「媽媽求你，就聽我這一次就好……」

是火冒三丈的撂狠話：

「好！你立下切結書，以後再離婚，不要回頭來找家裡幫忙！」

還是咬牙承受一切：

「你是我的心肝寶貝，如果你考慮好了，無論如何我都支持你。」

什麼樣的母親可以安然無恙度過每一段教養驚魂？什麼樣的母親，可以永遠做出正確的選擇？什麼樣的母親，是孩子需要的母親？什麼樣的母親，會讓孩子思念一輩子？我常常在思考：自己是什麼樣的母親？偶爾，我會悚然而驚的發現，我正在做以往我是孩子時，最討厭我媽對我做的事！但是偶爾，我也會沾沾自喜的發現，我為孩子的付出，他們好像都知道。

就像《媽媽這一行》一書作者爾瑪・邦貝克所說的：「天底下沒有哪個母親百分百是個好媽媽或壞媽媽、百分百幽默或嚴肅，百分百可愛或可恨；每個媽媽骨子裡都是矛盾的。」

看這本書時，我不時會為作者幽默的筆調捧腹大笑：「這真是太傳神了！」偶爾，也有「啊，原來是這樣！」的感嘆。這本《媽媽這一行》說出了許多媽媽的疑惑，也說出了許多媽媽的共同問題。為什麼有的媽媽看起來這麼完美？為什麼有的媽媽竟然可以這麼不稱職？為什麼有的媽媽可以欣然接受把屎把尿？但是也有一些母親，只願意將熱情保留給她的外遇？

作者幽默諷刺的筆調，寫出了母親百態。雖然描述的是國外的母親，但是你絕對可以在周圍找出她所描述的案例，並為之拍案叫絕。讀完本書，你會發現，原來中外媽媽的口頭禪，與中外小孩頂嘴的模式，都是一樣的！

「你知道現在幾點了嗎？」

「你明明知道，不要再給我裝了！」

「為什麼別人的媽媽都可以……」

「你完全不瞭解我！」

如果你看了很多教養書，卻對「母親」一職越來越感到迷惑，那麼，你不妨讀讀《媽媽這一行》。

推薦序

為了你們，我想變成更好的人

劉叔慧
明日工作室總編輯
小摩和小牛兄弟倆的媽媽

當了母親之後，才發現母親最偉大的地方正在於她的不完美；
因為母性，讓這些不完美都變成某種神奇的動力。
有一句愛情的經典台詞：「為了妳，我想變成更好的人。」
這放在母親的角色上，同等貼切。
但即使是完美的母親也依然是不完美的人類，
世人對母親角色的強力讚頌，常變成一種內化的自責和深沉的壓力。
《媽媽這一行》書中有許許多多不完美的母親，
但他們試著努力和改變的過程，卻讓所有身為母親者，含淚含笑。
無聲的同意和同情。

作者序

媽媽，沒有職前訓練的行業

爾瑪・邦貝克

有些女性頗幸運，在為人母之前已多少有一些當媽媽的經驗。我是其中之一。

我曾養過一隻約克夏，為期三年。因此，我的孩子十個月大時已能乖乖聽從叫喚；一歲時，他們能從半空中咬住飛盤；十五個月大時，我花了好幾個星期訓練他們在紙上大小便，讓他們循規蹈矩。

但有些女性沒這麼幸運，也不夠務實，她們讓自己站在一個安全距離外遠觀「媽媽這一行」。有天晚上，我去參加一場準媽媽迎新會，這位準媽媽大驚小怪地說：「你們有沒有看到報紙上說，有個女人把她的孩子遺忘在一家自助洗衣店的洗手間？她還有臉自稱母親！太惡劣了！什麼樣的媽媽會……」

「什麼樣的媽媽會……」是一句很常聽到的習慣用語，其實在我的三個孩子尚未出生前，我也常發出這種不以為然的驚呼。但現在，我自己就認識七個曾經不小心丟了小孩的母親。

「母親」一詞向來等同於「愛、奉獻、犧牲」。她們一向莫測高深，總是讓人不由自主對她們肅然起敬。她們是那麼超凡入聖——絕對可靠、品德高超、萬無一失，而且沒有原罪，更不可能有一絲絲矛盾的情緒。

無論情不情願，幾乎每個新手媽媽都是在產後立刻離開床鋪，笨手笨腳站上她專屬的尊榮高台。有些人很快便適應這種神聖形象，愛上這種光環，並在每年母親節享受著一群人圍繞在高台四周對她膜拜奉承。有些人卻無法適應這種突然加身的地位高度，她們跳下高台，然後銷聲匿跡。但我們之中大多數的母親，則努力摸索究竟該怎麼當個好媽媽，以及在人前該有的模樣。

媽媽，是世上第二古老的職業。它不問年齡、地位、宗教信仰、健康、政治立場、國籍、道德、種族背景、婚姻狀況、經濟條件、方便與否，或過去有無經驗，它是自古至今規模最大的在職訓練計畫。

媽媽這一行，沒有劃等齊一的操作規範，它絕非內容無所不包、人人作法相同的工作。有些母親欣然樂意為孩子把屎把尿，有些母親則將她們的熱情留給外遇。有些母親連吃顆薄荷糖也要分給孩子，否則深感愧疚；有些母親卻能在吃光孩子枕頭套裡所有萬聖節糖果後，若無其事告訴孩子是枕頭套招來了螞蟻……。有些母親因三十歲的女兒即將離家獨居，依依不捨而哭泣；有些母親卻趁著十二歲大的兒子去參加童軍活動時，把他的床鋪賣掉。

我每次讀到那些頌揚我是個好——護士、司機、廚子、管家、財務總管、顧問、哲學家、主婦、老師、女主人的文章時，就覺得渾身不自在，而且似乎總在某些令人特別心虛的時刻讀到這種文章，像是孩子參加學校的演出，我這做媽的卻只幫他把面向觀眾的那隻褲腳熨平那天；或是在我織了一整個早上毛衣、打盹一整個下午、只好胡亂買個披薩當晚餐湊數、然後晚上不到十點半就開始喊頭痛那天。

有很長一段時間，我並不敢自嘲這種極大的反差，因為害怕全世界就我一個母親這樣。

如果你想知道我是哪一種母親，讓我來告訴你。本書提到的眾家媽媽都有一點我的影子：幽默的玫瑰、挫折感很深的珍妮特、空虛的瑪麗，對了，還有珂拉的驚嘆。她們的存在感絕對真實。她們不是母儀天下、美德足以被刻印在市售母親節卡片上的那種無名模範媽媽典型，而是面對生活，每個當下都必須謹慎打出最好一張牌的女性。天底下沒有哪個母親百分百是個好媽媽或壞媽媽、百分百幽默或嚴肅，百分百可愛或可恨；每個媽媽骨子裡都是矛盾的。

這本書的面世對茱蒂而言已經太遲。她是我先前透過短暫通信認識的一位廿歲出頭年輕母親。茱蒂因犯下弒子的驚人罪行在南方的一座監獄服刑，她很內向、無法與人溝通，完完全全將自己幽禁在痛苦的深淵裡。她被個別監禁在單人囚室，僅僅靠著閱讀我的一些早期著作度日。她一次又一次閱讀這些書，並寫信告訴我：「要是我早知道，做母親的其實可以對許多事一笑置之，今天我可能就不會被關在這裡了。」

可以確信的是，你必定也曾在「什麼樣的媽媽會……」的疑惑中尋找答案。這是一句古老的習慣用語，起於天真，心懷傲慢自大，而後發之於譴責。直到你自己也成為母親時，對這些那些母親的批判才可能逐漸轉為同理與諒解。但望各位讀者往下閱讀書中各式各樣的母親時，能設身處地懷抱同理心，而非一味地批判她們。

本書中出現許多人名。
但除了我的母親以外，沒有一個是真實的。
我的母親名叫爾瑪。
假如其中有個名字和您一樣，那是純屬巧合。

母愛時刻

孩子，我要你知道，幾個孩子當中我最愛你。你是我腹中孕育的第一個奇蹟，你得到我最多的愛、最多的耐心和毅力、最讚的青春。

高齡產婦

珂拉❤

珂拉是本書的一個重要角色，主要由於大人經常鬧出許多和孩子有關的笑話。

抱怨往往是為人母的一個情緒出口，所以我們經常聽到「走開，去別的地方玩」或「嫁給你爸是我犯的第一個錯，生下你是第二個」這類的話。如果聽到「煩死了，為什麼帶你去任何地方，第一件事就是到處找廁所」，代表做媽的今天心情很差。

所以我說珂拉這角色很重要。去婦科檢查室見見珂拉吧，那個地方總會發生一些令人深感不可思議的事。像是在冷颼颼的空調房裡，一名身上只穿了件單薄紙衣的婦女，正在等候小弟弟般的年輕醫師到來，討論一些唯有你知他知的私密女人事。

這天，珂拉清了清喉嚨，她真希望自己的腳能長得漂亮些；她的腳跟龜裂，腳指甲也需要修剪。她真希望自己的身材能更好一點；自從半年前開始戒菸，她的身材就漸漸變得像顆酪梨，即使用力縮緊小腹也無濟於事。也許這醫生可以教她如何減肥。

她覺得到這兒來真是件愚蠢的舉動。很可能她根本沒病，只是太累，說不定是更年期快到的症狀在作怪。檢查全程花不到三分鐘，醫生問了幾個問題，在病歷上寫下幾個註記後，微笑地說：「恭喜你，你要當媽媽了。」

「我要當——什麼？」珂拉注視著年輕醫生的眼睛，這是她進入這個房間後，第一次正眼凝視他的臉。

「媽媽。」他說。

「謝謝你！」她伸出雙手環抱他的脖子，高興地說。

珂拉簡直不敢相信，這麼多年來她和華倫想盡辦法要懷孕，他們每天記錄體溫、點蠟燭禱告、尋求收養，甚至還負債（人人都說，只要負債就一定能懷孕），結果一點用也沒有，珂拉就是無法如願當媽媽。

「你知道，我已經三十八歲了。」珂拉焦慮地說。

「你的子宮有點後傾，我們得做點防範措施。」醫生一派平靜地說。

遵照醫囑，懷孕十一週之後，珂拉便開始躺在床上休養，直到六個月後生下寶寶才下床。她在床上吃華倫每天早晨為她準備的早餐，在床上看電視連續劇和益智節目，在床上讀書，甚至在床上接待一個個前來「關切」她這位高齡產婦的訪客。

她的母親說：「再說一遍，這一切究竟……？」

她的妯娌說：「你知道這孩子以後看到自己母親身分證上的年齡，會有多驚訝嗎？」

她的丈夫提議她在麥片碗裡摻點鎮定劑「煩寧」。她的鄰居提醒，日後當小孩坐在身邊、而她的手臂卻浮現老人斑時，她一定會感覺自己哪裡怪怪的。

她的送報生說：「我本來以為你是整個北美洲年紀最大的母親，不過我查了『金氏世界紀錄』，發現有位婦女五十七歲才生孩子。」

她以前的老闆說：「『孩子能讓你保持年輕』這句話是密爾瓦基市一名十九歲媽媽說的，可是她在廿二歲時卻改口收回。」

這本書將告訴我們，絕大多數的孩子都是為人父母心肝寶貝。當有個孩子不幸遭到遺棄的同時，這個世上仍有許多養父母渴盼收養一個寶寶；當有的女性正在墮胎的同時，這個世上仍有許多媽媽為了生下孩子，甘冒性命危險；當有的母親正在抱怨——養孩子要花好多錢、孩子多麼會惹麻煩、早知道生活會從此走樣被絆住就不生小孩了，這個世上仍有成千上萬的婦女認為少了孩子的人生就不完整。

最後，珂拉生下了一個重兩千八百六十六公克的健康寶寶，這份喜悅前所未有，她此生從未經歷過這種感動。無論你願不願意承認，我們之中的確有許多珂拉。無論在哪個年紀孕育生命，我們都同樣為體內那躁動不安的奇蹟而驚嘆。我們充滿喜悅，讚嘆這個過程使我們的生命展現不朽。那麼這一切又有什麼不好承認的呢？

【爾瑪媽媽經】

你想當媽媽

一般女性對母親這一行最大的怨言是——缺乏職前訓練。

回想我剛當上媽媽時，頂多只有——一個教你怎麼換尿布的電話號碼、一台「拍立得」照相機、一支緊急聯絡小兒科醫生的熱線，以及僅能維持十五分鐘的天真想法。

我常覺得，我在生產前浪費了太多時間和丈夫一起練習呼吸（沒錯，我是那種產前在屁股上打一針之後便不省人事、直到孩子大到準備上學了才完全清醒過來的母親），卻沒有足夠時間學習該如何在孩子出生後扮演好母親的角色。

如何當母親，真是一門藝術。把一個母親和一個孩子同時送上競技場，廿年後，期待做媽的這方能夠勝出，這種想法未免太天真。畢竟孩子占盡了一切優勢，他小巧可愛，而且他的眼淚活像水龍頭，開關自如。

孩子當然會受教育。無論在世上的哪個角落上學，他們都將花費十二至十六年的時間，和一群與自己年齡相仿的同儕交流如何當個小孩，如何與成人心機攻防大作戰。他們全是在學校裡學會操控父母、對父母予取予求的技巧。他們團結一心，千方百計策畫如何把車子要到手、如何爭取更多零用錢、如何不用跟父母出去度假而可留在家裡的妙招。他們的影響力遍及全球，不花一毛錢就比其他任何機關團體爭取到更多的冰淇淋店、兒童樂園，以及遊樂場。

他們不必付錢便得到一切。他們是怎麼辦到的？因為——他們聰明，而且受過教育。

有些人主張母親們應該組織、團結起來，我倒認為教育才是關鍵。如果我們知道該做些什麼以及如何去做，那就萬無一失了。儘管目前仍在夢想階段，但相信有朝一日一定會有「新手媽媽學校」問世，讓媽媽這一行提升至學術層次。夢想必修課程列出如下：

創意嘮叨一〇一：務必讓專家告訴你，如何隨時眼觀八方掌握孩子正在耍什麼花樣；如何訓斥，才能讓一個長到十歲大、犯了錯的孩子，自覺慚愧並痛哭流涕；如何讓孩子開張支票給你，感謝你把他生下來；如何準備一千種以上的嘮叨話題確保孩子此生對你又恨又愛，不過請注意，「坐（站）挺一點，否則你會駝背」和「用過的毛巾不要隨地亂丟」都是老生常談，已經失靈了。有創意的嘮叨才能吸引孩子的注意！孩子們是有備而來的。

收納研習班：除非懂得把一個家收拾得井井有條，否則沒人敢稱自己是個「母親」。

一般相信，收納天賦並非人人都具備，但它是可以學習的。做母親的必須知道哪裡可以收放——多到嚇人的歪七扭八包裝束帶、孩子各求學階段的成績單報告勞作，以及鞋頭磨破的舊靴子。你要準備一個專門儲放禮物的盒子，以免孩子機靈地先翻出禮物來。你也要知道衣櫥角落為何還有陳年的舊衣服，記得把它們拿出來好好整理檢查一下。最後一項，隨時儲備、擴充能令孩子信服的溝通語言。

投資孩子取得回報：學習以坦誠的心和孩子溝通，讓你的孩子相信他們虧欠你。許多做母親的，每天都白白任由良機流失而不自知。多少年來，你要孩子「到了以後打通電話回來」，但他們就是不打，害你在家緊張得要命。試圖找出原因。另外，母親節應該是特別向媽媽表達敬意的日子，若孩子對於這個不辭辛勞拉拔他長大的老媽，僅僅送上一組香皂，卻願意花大錢買件喀什米爾羊毛衫送給一個才剛認識兩週的女孩；當媽的不禁要問：縱有差別待遇，也該有個限度。

如何做孩子心中的完美媽媽：要求做母親的絕不能犯錯，實在太殘忍了。為了教子有方並贏得該有的尊重，做母親的必須讓孩子相信——她一點也不熱中性生活、從未做過錯誤決定、從未讓自己的母親擔心過，而且生來就是他們的媽媽從未當過小孩。此課程研習限制：務必先修過「神祕聖母馬利亞」這堂課再來上。

為母自保法：務必熟諳法律。可以把那些堆在自家洗衣間超過六十天的髒衣物，轉送洗衣店處理嗎？可以拿細竹籤撬開上鎖的房間嗎，這樣會不會被視為非法闖入？可以把一個在將近一千公里旅程中不斷踢父親駕駛座椅的孩子，獨自扔在公路上嗎？搬家時，如果未告知已經長大成人的兒子你將搬去何處，這樣算不算遺棄？別忘了，法律往往站在孩子那邊，專家們可是會組成諮詢小組討論，何以有新手父母竟然在毫無人證的情況下，宣稱兩個月大的嬰孩已積欠他們兩萬四千元的債務。

疑心病史與更年期效應：為滿足廣大學員的求知慾，我們又再度為熟齡婦女開設這門課。如何分辨你的孩子說的是真話或謊話，尤其自從他們早已長得人模人樣之後。我們將討論以下疑心病史案例：瑪蓮真的是因為被一本聖經砸傷腳，而無法去郵局寄封家信給父母？你兒子身上多出的那八百元，真的如他所說是從你皮夾掉出，然後他在不知情情況下撿到，才會占為己有？你兒子真的是躺在床上收看老電影，直到聽見吵鬧聲起床查看，才發現有兩百個陌生人正在家裡開派對，而且還喝光了老爸的啤酒？若你仍擔心是自己老糊塗，不妨可找醫生進一步檢查更年期症狀。

威脅與承諾：課程安排的四場有趣研討會將告訴你，如何以冷漠的威脅與空洞的承諾恐嚇你的孩子，使他們一輩子都活在莫須有的恐懼裡。上過課的人都說讚，像是有個母親就曾恐嚇她的女兒，如果再玩火柴就會尿床，結果她的孩子一直長到三十五歲大才敢開瓦斯爐。報名從速，名額有限。

公告：

「愧疚——一種使你不斷付出的天性」此門課暫時停開，直到找到新的指導老師。上一期的授課老師佛蘭博士表示，他母親認為他這做兒子的毫不關心她，說一套做一套，所以沒有資格開班授課。

破壞王

霍金斯夫婦❤

雖然密西根州大湍流市的羅蘋・霍金斯被稱作「恐怖的兩歲女娃」，但她依舊是父母心中的小寶貝，只是這兩歲小娃兒竟在短短兩個月內讓父母損失了十二萬元。

首先是馬桶水管，接著是洗碗機、冰箱、家裡的汽車，這些家庭設備全遭到勞夫與伯妮・霍金斯夫婦兩歲女兒的狂暴小手荼毒，無一倖免，加起來總共損失了十一萬五千元之譜。

羅蘋的恐怖行為始於馬桶。這是一般學步兒童最愛的搗蛋熱點，一隻名叫愛麗絲的絨毛貓咪玩偶被溺斃在馬桶內沖走。霍金斯先生將他付給水管工人的兩千五百元、價值一百元的報銷愛麗絲支出明細，詳實記錄在一本黃色小冊上。

一切才剛剛開始。

羅蘋決定替泰迪熊洗澡，她把小熊放進洗碗機的上層熱水區……結果害她父親花了一萬五千元的修理費，一千元用來整修被煙燻黑的廚房，外加價值三百廿元的泰迪熊。

接下來是冰箱。全家出門度週末前，羅蘋疑似把幾個磁鐵吸附在冰箱的通風孔上，結果燒壞了馬達，損失總計：一萬兩千四百元的冰箱，四千八百元平白腐壞的食物，以及那幾個加起來值一百五十元的磁鐵。

「有天晚上，我們坐下來看電視，」在大湍流市當警察的霍金斯先生說，「羅蘋跑去電視機前面轉動選台鈕，結果太用力，把它扭斷了。」修理費是四千六百元。

第二天，霍金斯太太開車去接丈夫，霍金斯先生在附近的斯巴塔小鎮兼職警察勤務。霍金斯太太見羅蘋在安全座椅上睡著，於是取下車鑰匙丟進皮包，包包擱著便下了車。

「我們聽見汽車發動的聲音，跑出去一看，剛好看見車子開上馬路。」霍金斯先生說。汽車撞上一棵樹，結果花了四萬一千元左右的修理費。

幾天後，羅蘋想播放錄音帶，結果不僅弄壞好幾捲總值一千四百四十元的錄音帶，又額外花了一千四百元修理錄音機。

不久後的某天，霍金斯夫婦購物回家，倒車進入車庫的一半，準備下貨。夫妻倆打算卸貨，決定先讓羅蘋繼續扣在安全座椅上。「我太太拿走了車鑰匙，所以她覺得應該沒問題。」霍金斯先生說。

一切都很順利，直到他們聽見噪音，趕緊跑出去看，發現車庫的自動門正壓在車頂上——你猜是誰？坐在車上的羅蘋按下了車庫門遙控器。帳單來了：四千八百元。

羅蘋還曾經從一家超市的收銀機順手拎起兩萬四千八百元的鈔票；在他們租給別人的房子牆壁鑽了五十個洞；拿指甲油在牆上塗鴉；啟動割草機衝出車道，差點撞死一位出來散步的鄰居。

「將來有一天，等她問我為什麼她都沒有零用錢，到時我會秀這些帳單給她看。」霍金斯先生一邊說，一邊揮動手上那本密密麻麻記錄了女兒所有破壞事蹟的黃色支出小冊。

又懷孕了

布魯克❤

布魯克每次去探望姊姊，一定會先把椅子摸過一遍才坐下。

整間屋子就像一座大型嬰兒護欄，裡面住著五個活潑好動的孩子，個個都有一雙黏乎乎的手，吸奶嘴的嘴唇，而且臉上總是掛著什麼東西。

屋內像個垃圾場！一條金魚孤零零地在一個老式玻璃缸裡游著，三根送給姊姊當結婚週年紀念禮物的特製銀茶匙，現在插在花盆裡。布魯克還信誓旦旦說自己在嬰兒的濕尿布上方看見了一道彩虹。

她們姊妹倆是在高級瓷器、優良讀物、東方地毯，以及織品餐巾的氛圍中長大的，但不知從何時開始，姊姊卻完全迷失了自己。

布魯克已結婚六年，她和丈夫克雷對於未來該如何教養孩子相當有想法。寶寶的來到，一定要像他們那棟位於郊區的白黃相間別墅裡的每件家具、兩人座跑車、各自的事業、俱樂部會員那樣，無一非經過深思熟慮、計畫再三才能擁有。

布魯克打算在二月懷孕，那時，一年之中所有的假期派對都已陸續結束；五月份懷孕初期，她的身材應該能保持得還不錯，可以去做日光浴；而生產後也來得及將嬰兒的照片製作成聖誕卡，分送眾家親友。

但布魯克和克雷卻犯了一個錯——他們把話說得太早。

這對天真的準新手父母告訴自己，絕不讓寶寶左右他們的生活；絕不降低生活品質，墮落到改用塑膠製品；絕不因孩子而犧牲生活美感，咖啡桌上的書籍或水晶擺飾都必須保持在原位；小孩一定要教得能夠帶出門，沒有丟人現眼這回事；最後一點則是，他們有自信對別人侃侃而談前述這些想法。

曾有一本書上寫著——「那種會批評別人家孩子沒教養、並大刺刺宣稱自己能教得更好的父母，等著找罪受吧！」而世上的確有如此鐵齒、自以為是的人，像是影星米亞法羅不就在電影《失嬰記》裡生了個魔鬼怪嬰，而李瑞梅克則在電影《天魔》中生下達米安，更別提麻州殺人狂莉琪・波登的父母。

出乎意料地，布魯克早了一個月分娩，當時她正在會員俱樂部參加萬聖節派對，眾人趕緊將她送往醫院，她旋即產下了衛斯理。這臨盆時間來得還真不是時候，那天布魯克正好裝扮成修女參加派對。

布魯克堅稱衛斯理不是個壞小孩，他只是有「容易闖禍」的傾向。他每天都像一部裝了全新電池的玩具車，只要放上軌道就會一直往前跑，直到撞上路障自我毀滅為止。

布魯克總是把每一場災難解讀成——「衛斯理和『其他的孩子』沒有兩樣」。

衛斯理六歲的時候，病例已然厚厚一大本，彷彿翻開一到十八章的急救手冊。他曾經喝下彩色塗料，結果一整個星期的小便都是藍色的；還曾經把一台泡泡口香糖販賣機弄倒壓在自己身上；也曾跌到搖籃外、吞下一枚硬幣、被垃圾桶割破嘴唇；也發生過一隻腳卡在購物車裡的事件，最後只得將購物車切開才能把他救出來；還曾經吃下一根塑膠製假香蕉，甚至把一根肛溫溫度計咬成兩半。

衛斯理也曾用手指挖自己的眼睛、看電視時摔斷手臂、被一隻兇惡的烏龜咬傷；在冰上跌倒，尾椎撞出一個腫包；把一枚高爾夫球釘塞進自己的耳朵；和別人打賭，他可以跳水躍入深七十五公分的水池裡（兒童池深度至少九十公分），後果可想而知。

布魯克經常跑當地醫院急診室，成了醫院的常客。每次只要衛斯理一痊癒出院，醫院便寄卡片向她道賀。

但布魯克自始至終都不曾公開承認她的挫敗。

其他孩子看電視可能會被指摘「浪費時間」，但衛斯理看電視卻代表「充滿好奇心且勇於探索」。其他孩子推別人一把可能會被指摘「有侵略性」，但衛斯理這麼做卻代表「精力旺盛」。其他孩子悄悄拿走母親皮包裡的錢會被指為「偷竊行為」，但衛斯理這麼做卻意謂「母子之間的信任感日與俱增」。

六月初，產科醫生宣布，超音波掃描顯示布魯克懷了雙胞胎，但布魯克只是淡然一笑。正常情況下，這種消息通常會令做母親的難掩訝異、若有所思，但布魯克不是。

她在回家途中下車，買了一束鮮花帶回家插在桌上。

她打電話告訴丈夫這個消息，並慶幸依照慣例該為新生兒準備的銀湯匙還有現貨。

她打電話告訴姊姊，就算雙胞胎提早呱呱墜地，放心，姊妹倆的歌劇季票仍不至於過期。

她告訴衛斯理這個消息，然後送他去鄰居家玩。

然後她拿了一瓶伏特加回房休息，直到隔天下午四點才再度露臉。

【爾瑪媽媽經】

我一定要用自己的錢嗎？

如果由人類編寫所謂「罪惡的歷史」，那些「不給兒女零用錢的父母」一定立刻擠進惡貫滿盈前十大。

孩子的零用錢你通常怎麼給？從什麼時候開始可以不用再給？我曾在某份報章雜誌上讀到，做家長的應該制定一套零用金制度，為孩子們的自尊自重奠定基礎。

我給孩子零用錢往往是要他們——乖乖閉上眼睛睡覺、擤鼻涕、照顧自己好好活著、整理房間、把毛巾撿起來、雙腳斯文安分地踏在地板上。還有某一年元旦，我頭痛欲裂，任何聲響都使我極其敏感，因此不得已開了張空白支票給其中一個孩子，要他別發出任何聲音。

孩子們進入青春期後，若無意外，通常已經很富有。之所以錢多多，是因為他們從不花自己的錢買東西。做媽的知道他戶頭裡有十萬元存款，但始終無法釋然，為何我得到的母親節禮物卻是三顆裝在小籃子裡的黑色軟糖。

我也一直為孩子們在金錢方面不負責任的態度感到懊惱。以打電話為例。我兒子曾和一個住在其他區域的女孩交往，兩家距離雖然不算遠，卻足以使我們家每個月的長途電話費高達一千四百元。電信公司牽繫起某種形式的感情線，他倆之間的對話是這樣的——

「你在忙什麼？」

「沒事。你在忙什麼？」

「如果你在忙，我不想打擾你。」

「我說過，我沒事。」

「你確定？」

「我確定。」

「那你現在在做什麼？」

我們從不擔心他們會有任何肉體上的關係，因為他們老是在講電話。每天早上他會撥鬧鐘起床叫醒她，晚上我會進他房間，從他沉睡的耳朵旁移開話筒。電話線就像一條臍帶。每天下午放學後他們一分手，他便大聲說：「我一回到家就打電話給你。」我提議他們別打電話改打點滴好了。

有一天，我拿著電話帳單去找他，叫他用自己的錢付費。他微笑地說：「你以為我是一時意亂情迷嗎？你不明白，我是真心喜歡這個人，希望下半輩子能與她長相廝守。她對我來說非常重要，我願意為她做任何事。」

「我很高興聽你這麼說，」我說，「因為根據這張帳單，你總共欠我們三千三百六十四元的長途電話費。」

從那天起，他再也沒和她通電話或跟她約會。

全天下的父母對於「孩子的零用金」究竟該給到何時，心裡自有底限與盤算。某天，當我們終於認清，兒子儲蓄帳戶裡的錢與我們去領貧窮救濟金的資格，相距僅一線之隔時，從這天起我們不再給他零用錢。

我們鄭重聲明：「爸媽知道你現在無法瞭解，但將來總有一天你會明白。『無限量供應金錢的快樂銀行』關門了，我們實在不該剝奪你享受應得的貧窮權利！金錢不等於愛，它只是一種膚淺的替代品，你真正需要的是重量級的自重。」

他坐在那裡默不作聲，久久才說：「我一定要用自己的錢買『自重』嗎？」

我們笑著說：「唯有這樣你才能買到。」

孩子，我該怎麼愛你

金妮

狗一開始叫，金妮就知道她姊姊來了。

七年來，這隻狗總想咬她姊姊的大腿，但從沒成功過。佩琪的大腿太粗壯，就算一頭杜賓狗成犬也沒那麼容易咬下去。

「我早就說這隻狗應該送去給律師養。」佩琪罵道，「這麼多年了，牠應該知道我是自己人才對。貝貝呢？」

「在看連續劇。」

「一個十四個月大的孩子看那幹嘛？」她厲聲說道。

「一種廉價的刺激，」金妮嘆口氣，「如此而已。」

佩琪狠狠瞪她妹妹一眼，然後俯身蹲跪在孩子面前。孩子坐在一張椅子上。「哈囉，貝貝，」她大聲說，「我是佩琪阿姨，還記得佩琪阿姨嗎？你一定記得我，對不對？」

「不必喊那麼大聲，」金妮說，「他是弱智，又不是耳聾！」

佩琪脫下外套。「怎麼，心情又不好了？你的眼神看起來很疲憊。」

「想看氣色紅潤的超級美女？中午過後再來。喝咖啡？」

「好，不加糖，我在減肥。嘿，蘇有打電話給你嗎？」

「她又想推銷什麼？」金妮沒好氣地問。

「你為什麼會以為她想推銷東西？她只不過是想邀我們哪天晚上過去聊天，吃些會讓人變胖的甜點。」

「蘇沒事不會請客。她老是在兜售東西──植物啦，塑膠啦，珠寶啦。你可以說我緊張兮兮，但只要有人請我吃甜點，我懷疑她接下來一定會說，『喔，對了，記得穿乾淨的內衣來，順便把你的支票也一起帶來。』」

佩琪拿起她放在桌上的手提包，猶豫了一下。她帶來一篇有關殘障兒母親的剪報，不知道此刻適不適合拿給金妮看。

「我有個東西要給你看，一讀到它我立刻想到你。」她緩緩攤開那篇專欄剪報。

「別告訴我，我被提名為『最佳人緣小姐』。」

「我本來打算留到母親節才給你看，但我想你今天就需要它。拿去看吧。」

金妮深呼吸後，開始大聲朗讀那篇文章。「大多數女性都是在懵懵懂懂中當了母親，有些是被選上，少數承受了社會壓力，極少數是出於天性。」她猛然抬起頭說，

「文章沒提到，有人是因為酒後亂性。」然後她繼續唸道：「今年約有十萬名女性將生下殘障兒，你有沒有想過，這些殘障兒的母親是如何被選上的？」

「我已經開始想吐了。」金妮放下剪報。

「唸下去。」佩琪堅持地說。

金妮迅速掃過那些字句，神情木然。很快讀完這篇文章後，她把剪報扔在桌上說：「廢話連篇。」

「我還以為你會喜歡。」佩琪嘆口氣說。

「她有殘障兒嗎？如果沒有，她又有什麼權利告訴我，我該有什麼感受？我最討厭她們這種自以為是的優越感。要應付這一切，又得不到任何人的讚揚，已經夠痛苦的了。」

「我只是以為……」

「這是很實際的問題。」她打斷佩琪的話，「你瞧瞧，我們這棟房子的庭院是這條街上唯一看不到鞦韆或小徑的。我的孩子永遠不可能去亂玩馬桶，永遠不可能在我講電話時過來拉我的腿，永遠不可能撕破我最心愛的雜誌，永遠不可能光著身子跑出去，永遠不可能玩拍拍手，永遠不可能扯我的頭髮，他也永遠不會知道我的名字。」

「看來你需要好好放鬆一晚，如果你願意，我可以幫忙照顧孩子。」

「我不需要那種甜蜜安撫的字句，我快瘋了，你還不懂嗎？」

「你後來沒去參加那些聚會？」

「拜託！那是哪門子的可悲團體治療，幾個人圍坐在一起，告訴你，上帝絕不可能給予超出我們能力範圍的東西？但我告訴你，上帝衝過頭了，我快被淹死了，佩琪。」

「你要多出去散散心。」

「你以為我不知道？」金妮啜一口咖啡，「對不起，佩琪，我實在很害怕，不過我現在已經能夠處理了，真的。羅伯對我們很好，爸媽也是，好到有時我甚至忘記他們內心有多失望。我擔憂的是這條漫漫長路，我知道貝貝十年後會怎樣，可是我自己呢？我不喜歡帶給別人痛苦，我希望讓人覺得我很特別，這就夠了。我不是有意澆你冷水，但我每次讀到這種文章……」

「我明白，」佩琪一邊說一邊起身，「好吧，我只是過來坐一下。你需要什麼嗎？」

金妮搖搖頭，送她姊姊到門口，「我很抱歉，等我恢復人樣時再過來坐坐吧。」兩姊妹互相擁抱。

佩琪離開後，金妮望著貝貝，他安靜地坐著，電視連續劇正在說一個耽溺於感官享樂的貪婪肉慾故事。金妮彎下腰，拿了一張面紙擦拭貝貝的臉，然後把面紙塞進自己的袖口。「我們今天做點什麼好呢，我的小勇士，玩室內排球好嗎？」

當她直起身子時，突然從鏡中瞥見自己的臉。她湊近細看，立刻被鏡中人嚇了一跳。眼前這個三十歲的女人竟有一雙活像一百歲的眼睛。

她兩眼無神、倦怠，看不出任何喜悅，那是一雙了無生趣的眼睛，一雙無法反映生命歡愉、只能感受痛苦的眼睛。

金妮趕緊離開鏡子，把咖啡杯收拾好，但視線又接觸到剪報上的那段字句——「當她的孩子第一次喊出『媽媽』時，她會視為奇蹟，她會懂得這意義。」

她跪在貝貝身邊，「貝貝，有件事我一定要告訴你。我不是聖人，讓你知道『我不是聖人』這件事，對我來說很重要。我為我所犯的過錯、我的疲憊和我的生活而詛咒你，我也質疑我倆為何要出生。我到現在還不懂上帝為什麼要把我們兩個放在一起，我只知道我們之間有某種特別的緣分，一種我也無從對羅伯解釋的緣分。如果你不是你、或你從未出現在我生命中，都令我無法忍受。

「我剛才從鏡子裡看到的自己，和此刻你看到的我，同樣是那麼疲憊而憤怒。可是老實說，我本來不是那樣的人，有時我甚至覺得——殘缺的人是我。」金妮從躺椅抱起貝貝，兩人一起看著鏡子。

「貝貝，我從來沒有要求過你，但現在，我要你喊一聲『媽媽』。我知道你沒辦法說得很好，但是試試看，只要發出聲音就好，哼一下，或打個嗝都行！」

貝貝的口水從嘴角流出來，卻沒有發出任何聲音。但金妮注意到他的眼睛，他以前所未有的眼神望著她。它們起初並未馬上聚焦，之後便有生以來頭一次真正望著她，這對眼神充滿了感覺、關心、理解。他知道她是誰！

羅伯一定不會相信，誰都不會相信，但貝貝真的用他的眼睛說出了第一句話——叫她「媽媽」。

她的眼眶湧出淚水。她將那篇剪報塞進烤箱裡。她還是覺得它廢話連篇，但文章提到的奇蹟好像真有那麼一回事。

【爾瑪媽媽經】

不凡的母親

大多數女性都是在懵懵懂懂中當了母親，有些是被選上，少數承受了社會壓力，極少數是出於天性。

今年約有十萬名女性將生下殘障兒，你有沒有想過，這些殘障兒的母親是如何被選上的？我看到的是，上帝俯視人間，帶著慈愛和深思的心情挑選繁殖人類的工具。祂一面觀察，一面指示天使將祂的話記錄在一本巨大的冊子上。

「阿姆斯壯與貝絲，兒子。守護神是馬太。

「佛瑞斯特與馬喬麗，女兒。守護神是賽西莉雅。

「拉特里其與卡莉，雙胞胎。守護神……嗯，選聖哲拉好了，為了愛孩子祂總是膽敢對我冒大不諱。」

最後，祂對天使說了一個名字，笑著說：「給她一個殘障的孩子。」

「上帝，為什麼是她，她天性那麼快樂。」天使很好奇。

「沒錯！」上帝微笑地說，「但我又怎能把殘障的孩子送給一個不懂歡笑的母親，那太殘忍了。」

「可是她有耐心嗎？」天使問。

「我不希望她太有耐心，否則她會成天自憐自艾。等到震驚和忿恨的情緒逐漸平復後，她自然知道怎麼因應。我今天觀察過她了，她身上有股自我意識與獨立精神，那是為人母必備、卻往往難得一見的特質。我要給她的這個孩子，他有他自己的世界，她必須將孩子的世界涵容進自己的世界，這不是件容易的事。」

「可是，主啊，我不覺得她相信祢呢。」

「沒關係，我自有辦法。這樣更好，代表她夠自私。」上帝微笑。

「自私？那也是一種美德嗎？」天使大吃一驚。

上帝點頭。「如果她不能偶爾和孩子分開一下，她會活不下去。是的，我賜福給這名女性一個不完美的孩子，她現在還不懂，但將來她會備受羨慕。

「她永遠不可能認為——孩子張口說話是天經地義，踏出每一步很稀鬆平常。當孩子第一次喊出『媽媽』時，她會視為奇蹟，她會懂得這意義。當她為失明的孩子形容一棵樹或夕陽時，她所看到的是別人看不見的自我創造。

「我將讓她清晰地見我所見，包括各式各樣的無知、殘酷、偏見之情，然後使她的心靈高人一等。她永不孤單。終其一生，每一天、每分鐘我都會在她身旁，因為她扮演的正是我的角色，這就如同她在我身邊。」

「那她的守護神是？」天使問，手上的筆還停在半空中。

上帝微笑。「給她一面鏡子就行了。」

不刮鬍子

法蘭克 ❤

從某年的十月十五日開始，法蘭克‧魯特立奇成了亞當（十四歲）、卡洛琳（十二歲）、泰迪（六歲）的母親，他也是羅契斯特市郊第一個不到更年期便長鬍子的社區媽媽。

這個新角色起於六個月前的一場對話。當時，法蘭克坦承身心已被廣告公司的工作榨乾，他對跳踢踏舞的可笑早餐麥片盒感到厭煩，他只想待在家裡寫他的小說。

他的妻子——安對他的決定十分興奮。畢竟她錯過了性愛革命，又因生不逢時而未能參與婦女運動，之後又被孩子剝奪自我，直到變瘦五公斤才欣然接受已步入中年危機的事實。因此，這個能讓她自在走出家門的無痛苦提議，令安欣喜若狂。

夫妻倆協議試辦一年。安出去上班，推銷辦公用品，法蘭克在家寫小說。這看起來似乎是個單純的決定，畢竟，美國總統也是在家上班，只不過箇中仍有些許差別——

一、美國總統不可能在一通動見觀瞻足可改變世界的重要電話上，突然聽見身旁有人大喊：「家裡的衛生紙用完了！」

二、驅蟲工人在白宮噴灑殺蟲劑時，不可能把藥劑噴到他腳上。

三、第一夫人不會從城裡打電話指示他：「去車庫，把放在車庫裡的電動割草機翻過來，找出右邊旋轉刀片底下的號碼，把它抄下來，打電話給維修工人，免得下次割草時又發生故障。」

截至十一月廿二日，歷經一個月都在找尋失蹤沙鼠、整天不斷聽孩子說「我告訴你喔……」的生活，法蘭克撕下打字機上的空白紙張，做了第二個決定。他決定延後寫小說的計畫，他要先寫日記，記錄他擔任家庭主夫的不凡經驗。他知道這本書一定會暢銷，因為每次走進書店就看到一整區有關家庭趣事的書籍，封面畫著穿圍裙、滿臉疲憊的婦女，還有狗狗正在啃她的後腳跟。畢竟，有多少男人能擁有他這種經歷？這會是一本幽默風趣的書，他要為它取名為《家庭主夫法蘭克》（喔，他愛死了這個書名）。

其實，十一月廿二日這一天也很值得一記。它開啟了紐約州羅契斯特市有史以來最冷的冬天，半年內的積雪深達兩百廿六公分。起初，法蘭克愛死了這場大雪。坐在打字機前工作的他，不時叫住每個準備從他門前快速通過的孩子，他開始耐心解說沒有一片雪花是相同的，甚至要他們仔細觀察沾在玻璃上的雪花形狀。

到了十二月三日，大雪持續地下，學校以「天意難違」為由關閉校園。接下來那十天，法蘭克肩負起防止三個孩子自相殘殺的重責大任。但他卻發現——自己只能眼睜睜看著泰迪將一粒鈕扣塞進鼻孔，驚呆地無法出聲制止。他眼看卡洛琳在他的結婚證書上著色，卻只能喃喃地說：「別塗到框框外。」最後是亞當，他把睡床當跳床，法蘭克看著餐廳的水晶吊燈劇烈搖晃，他已經麻木了……。屋內掛滿潮濕的衣服，那氣味就像在熱天裡悶壞的負鼠。

到了十二月三十日，法蘭克的日記本只記了三件事——

一、沒有上帝這回事。

二、泰迪的趣事——他不會說「義大利麵」，而是說成「利大義麵」。需加強訓練。

三、安送我一台「垃圾壓縮機」當聖誕禮物。（此行後來劃上刪除線，加註：「一點也不好笑。」）

後來法蘭克又寫了一點日記。

「**一月十五日**：究竟是誰說『市郊生活無趣又淒清』。泰迪每天只上半天課，從早上八點到晚上睡覺前這段時間，他總共要換八次衣服。因為泰迪做任何事都要換上特定服裝，從看兒童影集到在他姊姊的甜點上吐口水，無一例外。而且我從去年十月份到現在，沒有一天單獨上過廁所。

「**一月十七日**：要學的事還很多。隔壁鄰居貝芙麗過來喝咖啡時，我正在擦桌子，把剩菜倒進垃圾桶。她卻告訴我，不能直接把桌上的食物扔掉。不知在哪裡看過有人寫說，不能亂丟還沒變成垃圾的垃圾。不要的東西，要放上一個星期才能算是『垃圾』。

「**一月廿六日**：依照《美化家居與庭園》雜誌裡的食譜試做『砂鍋燉肝』，買了蘑菇、青蔥、布里乾酪和紅酒，食材費透支。六人份，十六分鐘完成。

「安吃了這道菜當午餐。

「卡洛琳的老師打電話來提醒，輪到我去教室當安親媽媽。

「**二月一日**：《美化家居與庭園》雜誌騙人，我做的『砂鍋燉肝』足夠讓十六個人吃上六天。貝芙麗也試做了，只不過她沒加青蔥、布里乾酪、蘑菇，和肝。

「**二月廿七日**：我快瘋了。我每天大約把一打的襪子丟進洗衣機，可是洗完後每雙襪子都只剩一隻。亞當、卡洛琳和泰迪都在襪子上做了記號，他們問我襪子到哪兒去了，我告訴他們，家裡有個神祕的黑洞……。我痛恨我的工作。」

三月和四月，法蘭克都沒寫日記。

三月時，屋內死氣沉沉，但不是讓人快樂的那種清靜。泰迪遭到病毒感染，他吐了三套床單的那個晚上，家裡的烘衣機故障了；兩天後，洗衣機也故障。接著，熱水器、吸塵器、蒸氣熨斗也陸續故障。輪到汽車電池報銷的時候，法蘭克正載著八個國中生去校外教學，而且剛好行經一家肉品包裝廠。這件事害他錯過最愛的電視連續劇。

此外，全家沒有人注意到他的辛苦，甚至漠視他的付出。有天晚上，安突然帶了三位客人回家吃晚飯，她甚至沒發現他用的叉子已經彎曲變形。

四月應該是羅契斯特的春天，但由於下雪的關係，春天遲到了。法蘭克失去生活的樂趣，沒有清倉大拍賣，沒有陽光可做日光浴。他越來越胖，孩子們快把他搞瘋了。安整整一個星期都沒回家吃晚飯。一天晚上，她突然在就寢前說：「我有沒有告訴你，我升官了，我覺得我好像得了『成功焦慮症』。」

「焦慮要多吃，發燒要少吃。」法蘭克喃喃地說。

「怎麼啦？」她問。

「沒事。」法蘭克說，「一切都很順利，我只是找不到人幫我把蛋挖空，讓泰迪拿去學校做復活節裝飾。我只不過打電話到處問：『可否幫忙我把六個蛋的蛋黃和蛋白吸出來？』結果他們都掛我電話。而亞當是北美洲唯一一個沒有鱷魚牌襯衫可穿的十四歲少年，每次想和你討論，你卻每天晚上往椅子上一坐便睡著。我們很久沒談心了。」

「這是什麼意思？」安疲憊地問，「你想重新裝潢房子嗎？」

「沒錯。」法蘭克說，「給我兩個新的沙發靠墊當家當，我隨時可以離家出走。」

「你何不去換個新髮型？」

「我說過了，我想把頭髮留長。」他咬著指甲說。

「我知道，」安說，「那我們去度假好了，就我們兩個。」

「**五月十七日**：這是一次令人失望的旅行。我們並非單獨出遊，而是去安的辦公室和另一對夫妻會合。安和菲麗絲一整晚都在聊逛街購物。傑克沒有孩子，所以他只談運動、工作和他的小船。我們沒有共同的興趣，而且我想念孩子，所以我們縮短旅程回家，正好趕上卡洛琳的指揮棒獨舞。她的指揮棒只掉下來一次！

「**五月廿六日**：上帝，我覺得好無聊，好不容易才把聖誕節飾品都收起來。貝芙麗決定去隆乳，我真希望自己也能徹底改變外表。最近食慾很差，老是感到疲倦，每天早上都不舒服，要不是我心裡明白不可能，我一定會以為自己……我的天，我在說什麼？

「**五月廿九日**：學校放暑假了。貝芙麗告訴我郊區有一個很棒的夏令營，空氣新鮮，而且有許多活動，雖然只有兩週，但至少足以讓每個人活動活動筋骨，才不會每天都窩在家裡看電視，一整個下午都在吃爆米花。

「我很想去，可是誰來照顧孩子？

「**八月廿四日**：真是迫不及待等安回來，我一定要告訴她，我學會按穴道了。我去剪頭髮時，美容院有個太太說，只要按摩腳的大拇指後面就能治好鼻竇炎。她說腳底有許多穴位，反射對應著身上的每個器官。

「**八月廿五日**：安說，一天到晚坐在那裡揑腳是不正常的舉動。我們再也無法像以前那樣溝通了，我做任何事她都看不順眼。」

十一月某天晚上，法蘭克關掉廚房的燈，慢慢走進餐廳。安正坐在那兒結算支出。

「你真笨，」她毫不客氣地說，「為什麼不叫孩子洗碗？」

「因為前幾天我發現盤子上殘留著沒洗乾淨的『利大義麵』。」

「那只是剛好沒洗到。」

「安，我們每天都在用那些餐盤，況且我們吃『利大義麵』已經是三週前的事了。」

「你要學習不能太心軟。」

「安，」法蘭克沉默良久後說，「開一張支票給我。」

「做什麼？」

「給我。」

「法蘭克，你要支票做什麼？如果需要錢，你直接從家用拿不就得了。」

「我想知道我還有沒有價值。」

「你是認真的？」安說著，放下她的計算機。

「你知道，上個禮拜有一天，我整天都沒聽到人聲嗎？和我對話的都是一些人工語音——銀行、電梯、你的辦公室、學校，還有一個打錯電話的；以前即使打錯電話，至少也是人打的。」

「你太累了，法蘭克，你每天下午該打點小盹的。」

「我把飯煮好，有人把它吃掉。我把床鋪好，有人又把它睡亂。我擦好地板，有人又把它沾得到處是泥巴。沒完沒了。」

「這就是家事呀。」安說。

「這不是家事。」法蘭克說，「我記得以前我下班回家，孩子們會說『嗨，老爸。』你知道現在他們說什麼嗎？他們進門後望著我，然後說：『有人在家嗎？』我在家呀，該死！難道我不是人嗎？他們眼裡再也沒有我了。」

「法蘭克，你看看四周。你有一個溫暖的家、一座庭院、三個孩子，而且整天自由自在，想做什麼就做什麼。你有車，而且車庫裡的保養維修工具設備齊全得夠你開一家店。你有太太照顧你，身上還有將近十張信用卡。我投降！我真不明白你們這些男人還有什麼不滿足的！」安搖頭說道。

媽媽的價值

露意絲和艾絲特拉❤

露意絲一向認為「和孩子共進早餐」這件事，僅次於熱騰騰的雞湯、維他命C，是重要性被過分高估渲染的美國文化象徵。

和兩個會為了十五包還沒拆封的早餐燕麥片爭吵不休的孩子一起吃早餐，到底有什麼好的？「與媽媽共進聖誕早餐週年慶」是露意絲巧立名目每年唯一答應的一次，早餐後，她照例發拐杖糖和禮物給孩子們。其餘的日子，露意絲都刻意和他們保持距離。

露意絲很早便發現自己和其他母親不一樣。孩子老是尿褲子，下半身濕透發臭，要她用牙齒替孩子鬆開打結的鞋帶，真的很噁心。她煩死了老是得玩類似大富翁的遊戲，絞盡腦汁只為了用遊戲鈔票替某家假公司收購假飯店。而即使可以帶著孩子到處逛街走走，但手提包卻塞滿孩子擤完鼻涕後丟給她的衛生紙，這感覺很差。

露意絲不喜歡做家事，也不喜歡鎮日談論柴米油鹽大小事的那些婆婆媽媽。她從不因有人分享去除塑膠餐墊上義大利麵污漬的妙方而躍躍欲試。有一天，當那票媽媽正熱烈討論尼龍網袋的各種妙用時，露意絲忍不住開口：「為什麼不乾脆編成一只抓蝴蝶用的長網子，然後把它穿回家，看看會有什麼驚人效果？」

露意絲一直想出去上班，所以她很希望找個保母幫她帶孩子。

「給一個說服我的理由。」她的丈夫不答應。

「我在家待得很煩。」露意絲說。

「這不是理由，」他說，「這是一種心理狀態，你應該讓自己忙一點。」

也許她得像媽媽朋友愛爾西・威格納一樣說謊。愛爾西說，她之所以找一份兼差工作是為了幫女兒的芭比娃娃買座衣櫥，讓她可以帶去俄亥俄州立大學唸書。

垂頭喪氣的露意絲只好另想辦法。她去當志工。無庸置疑，這對露意絲來說「輕而易舉」。她擔任各式各樣的主席；她拯救從未聽過的動物；她為拼寫不出確切病名的罕見疾病籌募基金；她可以連開三個小時的會議，而議程中唯一的討論事項是下次會議在什麼地方召開。露意絲創下社區婦女每年擔任志工時數的最高紀錄，同時也創下另一項「非正式紀錄」——她一年內聘雇與解雇保母的次數，也創下了婦女解放史之最。

露意絲要求保母為她的孩子朗讀，萬一他們不耐煩，就必須陪他們玩遊戲。她要的是一個能待上一整天的保母，並且得為孩子烤餅乾、修理故障的玩具、親吻他們受傷破皮的膝蓋。她要求保母十項全能，但一小時工資只有四十元。

曾經為露意絲・康賽爾工作的保母多到可以寫成一本書。像是超愛看電視連續劇的克蘭岱爾太太，每天中午十二點到下午兩點，她的世界就停擺。還有一位桑契斯太太，她把琴酒做成冰塊，直到有一次，露意絲的其中一個孩子擺攤賣檸檬水，結果讓附近鄰居的小孩整整睡了一天，這件事才被發現。而仍就讀大學的卡蘿只上了一個星期的班，原因是孩子們不斷學著哼唱當紅的嬉皮歌曲，讓露意絲聽得目瞪口呆。

七年後，露意絲和她的丈夫終於為一份給薪職所屈服，這份工作將占去露意絲的所有時間與精力。她被聘任為「小精靈幼稚園」園長。露意絲欣喜若狂，她的責任比以前更重了，這是她有生以來第一次感到自己的存在價值，於是她開始積極尋覓今年度的完美母職代理人。

就在此時，她認識了艾絲特拉。艾絲特拉優秀得令人不敢置信。她年輕，生了兩個孩子，知道如何帶孩子、餵孩子，懂得以恩威並重的方式教育孩子。而且她會開車。

艾絲特拉已經當了兩年的單親媽媽，她幾乎在所有政府機關組織都工作過，眼下任職於「黑人婦女社會自覺計畫」，這個組織每個星期三都在教會的社交廳集會。

每逢週三，負責教工藝課的艾絲特拉，會把她的兩個孩子格蘭與米西交給自家隔壁的托兒所。今天的課程很簡單，她教大家在一個雪茄菸盒上彩繪，靜待它乾。然後她把切成一小塊、一小塊的通心麵沾點膠黏在菸盒上，直到盒子上覆滿通心麵，再撒上亮晶晶的亮片，好了，一個珠寶盒就完成了。

唯一的問題是她沒有珠寶。

艾絲特拉輕撫著通心粉，思索著自己的人生。她在這個任職兩年的組織中究竟都做了些什麼？一個手工編織的水瓶、替墨西哥辣椒醬塔巴斯哥鈎了一頂墨西哥帽、利用許多瓶蓋拼出一幅英國小茅屋圖畫，以及把漂白水玻璃瓶改造成小豬撲滿。

這次是通心麵。她不由得怒氣上升，抓起那一袋通心麵，帶回家煮了吃，發誓要再找個工作。艾絲特拉愛她的小孩，不希望他們因媽媽的工作不穩定而吃苦。她聽說「小精靈幼稚園」環境不錯。

「你對我們有沒有什麼疑問？」露意絲・康賽爾問，「請儘管提出。」

「你們會帶領孩子從事各種活動嗎？」艾絲特拉問，「我的意思是，我不太希望孩子整天都在睡覺。」

「我想你會發現，我們有很多很棒的課程設計。」露意絲說。

「那麼老師呢？我的孩子很黏我。」

「她們視孩子如己出，相信我。」露意絲微笑地說。

「負責照顧我孩子的老師，不能把這件事只看成是工作，而要真心真意帶他們。」

「我明白。」露意絲笑說，「我們的閉園時間是六點十五分，這時間對你方便嗎？」

「老實說，我還沒找到工作，」艾絲特拉說，「但我想先讓孩子適應一下幼稚園環境，再去找工作。」

「你考慮過幫人照顧小孩嗎？」露意絲眼睛一亮，忙把臉上的眼鏡往額頭推。

艾絲特拉搖頭。

「是這樣的，我家裡有兩個小孩，我正在找保母。你介意我問你幾個問題嗎？」

「請儘管提出。」艾絲特拉說。

「我希望保母能有計畫地帶領孩子做點活動，這樣他們才不會整天都在看電視。我並沒特別為孩子培養其他興趣，你知道的，我實在太忙了。」

「我在過去這兩年中累積了許多照顧孩子的經驗。」艾絲特拉笑著說。

「我的孩子必須喜歡你才行，你知道的，我以前是全職家庭主婦，所以他們不太習慣和別人相處。」

「我對帶孩子很有一套，相信我。」

「但有件事我很難啟齒。」露意絲說，「我的孩子一直是我的寶貝，我不希望雇請的人只是為了錢而來，而要真心愛他們，想跟他們在一起才行。」

「我明白你的意思。」艾絲特拉說。

於是，露意絲與艾絲特拉同時成了薪資微薄的「職業婦女」。她倆的工作都是幫孩

子擤鼻涕、換尿片、抱孩子、哼搖籃曲、親吻他們流血的小手。但兩人卻無法解釋，同樣從事為人母的工作，何以給薪和不給薪意義大不相同。

【爾瑪媽媽經】

我的暑假——蘿拉．帕森斯（十一歲）

我的暑假和我的寒假一樣，必須扮演小媽媽的角色。媽媽出去上班時，我要在家照顧弟弟和三個妹妹。

小媽媽的工作無聊死了。

我叫弟弟、妹妹去上廁所，可是他們都不聽話。我幫他們洗臉，他們卻把頭撇開。他們流鼻涕我得幫忙擦，可是他們都不喜歡擤鼻涕。我叫他們去睡覺，他們也都不肯睡。而當他們乖乖聽「真媽」的話時，我就氣得掐住他們的脖子，掐得緊緊的，直到他們快喘不過氣。

我好討厭這個工作。

我真希望我不是第一個出生的。

以前我覺得第一個出生很棒，但後來發現，最先打開最高的抽屜，幫忙把玻璃杯拿下來的是我；最先知道怎麼解開鈕扣、把結打開、拉上拉鍊的是我；最先變老的也是我。

我真希望我是一個「保母」，而不是一個「小媽媽」。

如果房子沒被掀掉，保母不但可以吃點心，還可以拿小費，她們會受到大姊姊般的待遇。可是如果有人把花園的水管拉進客廳，「小媽媽」就會被罵；如果有人偷吃媽媽藏起來的香蕉，「小媽媽」就會受處罰。小媽媽真的很沒地位又沒尊嚴。

當媽媽真討厭。我討厭幫人擦屁股；我討厭喊破喉嚨他們還是假裝沒聽見；我討厭沒有屬於我自己的時間。他們喜歡「真媽」更甚於我。

我才不在乎。

我想離家出走，可是……如果我不等綠燈亮就衝到馬路上，一定會被媽媽罵到臭頭。

我永遠也不要當媽媽。

寶貝上學去

蒂娜 ❤

蒂娜說：

「麥克，我不懂你有什麼好害怕的，媽媽會在家裡等你下課回來啊！哎呀，你可以坐漂亮的黃色校車上學，也帶了便當，毛衣上還別著名牌，怎麼會有問題呢？

「你現在是大男生了，大男生要有大男生的樣子，你會交到許多新朋友。你現在就走出去，坐在人行道上等校車，別再像個小小孩了，沒什麼好怕的。」

麥克想說：

我什麼都不懂。

我穿了新內衣、新毛衣。我有一顆牙齒在搖晃，昨天晚上我都睡不著覺，我很擔心。

萬一上車以後，校車用力動了一下，我沒有站穩，然後褲子掉下來，車上的人都在笑我，怎麼辦？

萬一校車還沒開到學校，我就想尿尿了，怎麼辦？萬一鈴聲響，大家都進了教室，這時如果有個男人大聲問：「你讀哪一班」，我卻回答不出來，怎麼辦？

萬一我的鞋帶鬆了，有人對我說：「你的鞋帶鬆了，讓我們來看看你會不會綁鞋帶」，怎麼辦？

萬一學校餐廳的餐盤堆得太高我拿不到，或是我的保溫壺蓋子轉得太緊，我想打開它卻破掉了，怎麼辦？

萬一老師叫我們低頭安靜，但是我那顆會搖的牙齒突然想伸出來，怎麼辦？萬一老師叫全班都去上廁所，可是我不想上，怎麼辦？

萬一我覺得好熱把毛衣脫掉，結果被別人偷了，怎麼辦？萬一我的名牌不小心沾到水，上面的名字變得看不清楚，沒有人知道我是誰，怎麼辦？萬一老師叫我們出去玩，可是鞦韆都被別人占走了，怎麼辦？

萬一刮來一陣風把我要帶回家的重要資料都吹走，怎麼辦？萬一他們唸錯了我的姓，然後大家都笑我，怎麼辦？

萬一老師教的發音和媽媽教的不一樣，怎麼辦？

萬一老師幫每個人排座位，卻漏掉我，怎麼辦？萬一校車的窗戶沾滿水氣，讓我看不到下車的站牌，怎麼辦？

萬一我一整天都交不到朋友，怎麼辦？

我好害怕。

麥克說：

「再見。」

蒂娜想說：

我是怎麼了？孩子的肚臍眼都還沒長好，就把他送出去。但我現在不是該鬆口氣感到高興嗎？我實在不該一整個夏天都在罵他：「出去，去外面玩。去睡覺，你為什麼這麼不乖。」

我想我搞砸了。

我太嘮叨，給他的關愛太少，我沒有第二次機會了，只能放手把他交給別人管。

我的機會來了，不是嗎？

過去的所有藉口都跟那輛校車走了——無法減肥的藉口；無法找個全職工作的藉口；

無法好好打掃屋子的藉口；無法翻修家具的藉口；無法重回學校、無法振作、無法清洗烤箱的種種藉口。

一個時代結束了。接下來這廿年我要做什麼？

這些年來，那些藉口高牆一直是我的避風港，我不必向任何人證明任何事。但我現在覺得好沒自信。

萬一我去找工作，卻碰了一鼻子灰呢？

萬一我只會換捲筒衛生紙，其他什麼都不會呢？

萬一我說我想寫一本書，只是自欺欺人的想法呢？

萬一我無法忘掉過去呢？現在才早上八點十五分。

我好害怕。

【爾瑪媽媽經】

學術用語

我兒子上小學一年級時，他的老師要求見我。一見面她便告訴我：「他上課時總在發表談話，也經常站起身四處走動，他缺乏實質的目標，對自己的角色扮演毫無期待認知，此時似乎應給他一些同儕壓力。」

「你是說我兒子個性懶散？」

「我不會用這句俗話來形容，不過你說得沒錯。」

他升上三年級時，老師在家長會上打開卷宗，慎重地對我說：「我簡單向你說明，你兒子因為注意廣度不斷下降，危害到團體的管理、學校的期待、整體的績效，因此目前無法被歸類為優等生。」

我猜他是在說他個性懶散。

四年級時，兒子依舊態度懶散，但這次的評語為「雖不至於在最低認知程度，但他的基本能力不足，無法適應學校生活。」

到了六年級，我和老師懇談，他說：「你兒子很有潛能，但反饋不足。你倒是說說看——一個不肯進行人際互動、不肯積極回應固有秩序、堅持發表一己之見的孩子，我們該拿他怎麼辦？我很抱歉如此嚴厲批評，但你一定能瞭解現代教育體制仍有其缺失與弊病。」

我甚至沒聽懂他的意思是「再見」。

到了國中，有天晚上我的丈夫接到一通電話，只見他一邊聽電話一邊不斷點頭。掛斷電話後，他轉頭對我說：「你猜怎麼回事？我們的兒子不適應課程改革，學校擔心他停頓在鎖步階段，他們想激發他的認知。你說這是什麼意思？」

「我想這表示他懶散。」

他在大學二年級時得到的評語是：「有行為修正方面的問題。一旦遇到彈性分組課程，團體中某個較積極強勢的人便壓制他，並以非嚴苛、具壓抑性、但仍稱和悅的方式迫使他接受等而次之的角色扮演。」

升上大學四年級之後，我兒子的指導教授要我到她的辦公室。「看來我們遇到難題了，可不是？」她笑著說。我只好跟著打哈哈。

「我們很難說，缺乏成就動機會造成什麼嚴重後果，但在為你兒子打分數之前，我想我們應該先談談。

「我希望我們先不要替他下定論，應該讓他理解自己的潛能何在，以及該如何朝確切目標努力。雖然我們馬上就要審定了，但我還是要強調，如果他打算繼續唸研究所，就有必要多增強向上的成就動力。」

離開辦公室時，我湊向指導教授的祕書發問：「人話！請問你說人話嗎？」祕書點點頭。

「她那番話是什麼意思？」

「你的兒子太懶散。」她直接了當地說。

我不知道受教育對我兒子有沒有幫助，但它顯然讓我在學術用語方面受益匪淺。

超級媽媽

夏蓉❤

人人都說夏蓉是個了不起的母親。

她的鄰居說：

「夏蓉會在垃圾桶的內緣塗上一層琺瑯；自己種菜；每個禮拜割草；每年冬天用零頭布料為全家人縫製大衣；定期捐血；還為喜愛的鄉村歌后烤蛋糕慶生。」

她的母親說：

「夏蓉會開車載她去看醫生；按照顏色色系分類收納孩子們的衣物；鋁箔紙用過後會清洗乾淨再重複使用；安排家族團聚；寫信給自己支持的政治人物；幫全家人理髮；牢牢記住自己老媽的健保卡號碼。」

她孩子的老師說：

「夏蓉每天晚上陪孩子們做功課；下雨天會幫她那打工的兒子送報；會為孩子準備那種畫了笑臉的營養三明治；她是協助班上早點名的愛心媽媽，五人共乘車隊的成員；她還曾經在舞會中賣力踩破兩百三十四顆汽球。」

她的丈夫說：

「夏蓉會在下雨天洗車；每年都盡可能節省車子會用到的防凍劑；按時繳清帳單；安排夫妻倆的社交活動；為花園噴藥除蟲；夏天時會把水管收好；晚上會為孩子翻身，以免他們趴著睡；有一次還從報稅服務公司的退稅資料中查出錯誤，又多退了四百八十元。」

她的好朋友說：

「夏蓉用院子裡的一些剩餘材料做了一張床；聖誕節時，用鉤針鉤了一個聖誕老人，裝飾架上另一捲還沒用到的捲筒衛生紙；總是把水果洗乾淨後才給孩子們吃；學習彈奏豎琴；還讓一棵波士頓蕨活了整整一年；一群人在外面吃飯時，她總是把誰該付多少錢算得清清楚楚。」

她的教會牧師說：

「夏蓉會找時間閱讀所有色情書籍，然後起而攻之；她會在晚間的佈道中表演吉他；她用西班牙文與瓜地馬拉的貧困家庭通信；她編纂了一本食譜，為教會籌募購置一台新咖啡機的基金；她替所有的衛生組織挨家挨戶勸募。」

夏蓉天生條理分明。

她會為狗狗籌備一場慶生「主題派對」；用雜貨店的舊紙袋為她的孩子精心製作萬聖節服裝；孩子的鞋帶鬆了，下一秒她會立刻繫好一個結。她在洗衣籃上裝了一個「籃框」，鼓勵孩子們養成讓髒衣服就位的好習慣；她在用完的衛生紙捲筒內播下種子；別人都扔掉的蛋盒，她廢物利用做成屋子的圍籬。

夏蓉的時間表令所有女性為之嘆服。需要廿五名婦女擔任未成年孩子們的舞會監護人嗎？找夏蓉就對了。需要一名愛心媽媽替學校圖書館做「杜威圖書分類法」嗎？打電話給夏蓉。需要人籌備街坊聚會、車庫大拍賣，或學校校慶嗎？找夏蓉準沒錯。

夏蓉是個「超級媽媽」！

她的婦產科醫生這麼說。

她的肉販朋友這麼說。

她的網球球友這麼說。

她的孩子……她的孩子從沒這麼說過。
他們幾乎都待在瑞克家，和瑞克的媽媽在一起，她整天都在家，她總是直接從餅乾盒掏出餅乾吃，並且和他們一起玩撲克牌。

【爾瑪媽媽經】

奶嘴萬歲

有天晚上，一群母親聚在一塊兒談論身邊有哪些東西，大大維繫了我們的生活品質，其中大部分都是可預料的發明如抗生素、火、電力、汽車，更別提避孕藥、聚酯纖維了，以及要多長有多長的電話線。

無論這些媽媽朋友的表決結果如何，對我而言，我心中的第一名是「奶嘴」。如果不是那個只要塞進嬰兒口中、就能讓他們別哭的安撫奶嘴，哪能有這麼多女性來參加媽媽聚會？

在今日這個時代，奶嘴似乎早已成為嬰兒五官的一部分，看起來簡直就和他們臉上的鼻子或眼睛一樣自然。但在三十年前，奶嘴卻被視作無能媽媽的助行拐杖，一種活脫脫向全世界大聲宣告「我實在束手無策！」的寫照。

我只好祕密地擁護安撫奶嘴，我的許多朋友也是。我們瞞著自己的母親，在家中各角落策略性隱藏了三、四十個奶嘴，以便嬰兒一哭，三十秒內就能迅速讓哭聲止息。奶瓶當然都得煮過，房間也都經過消毒，細菌一一被消滅，但媽媽們卻好像不在乎這些藏奶嘴的地方有沒有細菌。我們會從床底下、沙發靠墊後面、菸灰缸裡，甚至從垃圾桶找出奶嘴，而且從來沒有一個孩子因為「把奶嘴含在嘴裡」而生病。

我盡可能不讓母親知道藏匿奶嘴的事，但有一天她突然來訪，驚訝發現：「這是什麼？」

「這是奶嘴。」

「你知道，讓孩子吃奶嘴，等寶寶長到四歲時，她就會有一口暴牙，而且一輩子嘴唇都會嘟嘟的嗎？」

「媽，假如不用奶嘴，說不定我根本沒辦法讓她活到四歲。」

這世上最早用來打頭陣的那些奶嘴，絕對值得我們致上應有的敬意。畢竟除了奶嘴，這世上還有哪種力量能療傷安撫、止息眼淚、終結痛苦、存續生命、恢復世界和平，並成為全世界母親有機會睡覺，或做個好夢的靈丹妙藥？

家有寵物

席薇雅 ❤

報上的廣告啟事說，這隻小狗「還算守規矩」。

那等於在說「事情並不單純」。

席薇雅比誰都瞭解，她不過是——每年成千上萬屈服於家庭壓力、不得不答應養狗的其中一名母親。

席薇雅的第一件事是定下規矩。誰先看到狗狗小便或大便，就必須負責清乾淨。其次，他必須把狗狗抓去聞牠的大小便，然後把牠帶到屋外。誰都不准在餐桌旁餵狗吃東西。狗狗只能睡在洗衣間內牠自己的床。家中每個人都必須輪流帶牠出去散步，再帶牠回來。狗狗表現良好時要誇獎牠，表現不好時要懲罰牠。

第一個星期，巴布的腳從未著地，牠是佛布斯一家人的最愛。

第二個星期，他們對牠的熱情稍稍減低了。當牠半夜狂吠時，其中一個孩子甚至會叫牠「閉嘴」。

到了第三個星期，巴布成為席薇雅的狗。她餵牠，幫牠洗澡，每天帶牠進出屋子五十次。

四年後，一天晚上，席薇雅聽到兩個兒子低聲說話。一個說：「你最好去把巴布的大便清掉。」他弟弟回答：「我才不去，你去年一整年都沒清過。」

於是她召集全家，說道：「我想你們應該知道，我們快被列入『金氏世界紀錄大全』了，我們家客廳地毯的那片大污漬已經和牆壁連成一片，我再也受不了，我要換新地毯，並且把巴布送走。拜託，先讓我把話說完。請你們試著從我看待巴布的眼光來看牠——一名身穿蓬亂皮草外套的廿八歲男子，每天晚上看六個小時的電視節目，就連廣告時間也寸步不移。我希望你們懂我的意思。

「牠從沒見過大自然，沒見過一棵樹、一片草地、一處人行道、一張矮腳椅，或是一條汽車輪胎。

「牠沒有好奇心，沒想過——為什麼自己無法跳上一張天鵝絨椅，為什麼無法平穩地以三隻腳站在長毛地毯上。

「我試過所有辦法，甚至還在價值一萬兩千元的門上鋸出一道狗門，但毫無效果，只不過白白讓冬天的暖氣和夏天的冷氣都洩出去。巴布非走不可！」

就算席薇雅後來選上參議員，出過三本書，在哈佛大學畢業典禮上發表過演說，但她留給孩子的印象依舊是個——只在乎地毯、沒有愛心的自私鬼媽媽。

有人在家嗎？

米莉安♥

米莉安・沃爾豪斯是社區中唯一的全職家庭主婦。在學校的資料中，她是十七個孩子的「緊急聯絡人」……

米莉安有時也想和她的朋友一樣外出工作，但她終究打消這念頭，她自認是個盡責的母親，而且認為和孩子們「談談天」非常重要。

每天傍晚，米莉安一聽到大力關門的聲音，便大聲問：「馬克是你嗎？」

「什麼事？巴茲在等我，我們要去打籃球。」

「不能坐下來和我講講話嗎？」

「我得走了。」他說。

接著，米莉安倒了兩杯牛奶，放幾片餅乾在盤子上，然後穿過黑漆漆的客廳。

「班，你在這裡嗎？」

「噓——」

「你今天過得好不好？我想你一定有很多好玩的事可以和我分享。我今天試做了一道新菜……」

「媽，饒了我吧，我正在看連續劇！」

又聽到一陣關門聲，米莉安急忙趕過去，正好看見溫蒂在寫紙條——「不要等我吃晚飯，我要練合唱。」

「溫蒂，我要你知道，假如你想找人談談，我就在這裡……嗯，我們可以分享對生活的想法等等。」

「我對生活很滿意啊！」溫蒂一邊穿上大衣，接著又說，「媽，你得找點事做，不能老是依賴孩子陪你。」

米莉安自己喝了那兩杯牛奶，又吃下一整盤餅乾。她有種被排斥的感覺。她在家的時候孩子總是不在家。如果這是孩子對待父母應有的態度，那他們都不該擁有父母。萬一她出事了呢？誰會知道？孩子們都很自私，只想到自己。她已經不記得，上回他們坐下來一起聊她的種種煩惱、或她一天過得如何，是什麼時候。其他母親是用什麼方法讓孩子跟她們說話呢？

米莉安後來找到答案，她找了一個工作。

每天下午三點到六點，米莉安都覺得她彷彿是一支〇八〇〇免付費服務電話，她的孩子每隔三分鐘就打一通電話來，每次都有新的問題。她無法打斷他們。米莉安無計可施，只好訂下打電話的規矩——

一、若是緊急事件，先問自己：「老媽聽到以後，會不會立刻暴斃？」「她在六點鐘以後找得到水電工嗎？」「她聽到之後會不會氣得不想理我，而且威脅說要搬家，從此改名？」

二、若是流血事件，請先考慮以下問題：「是你流血嗎，還是你的兄弟姊妹？」「血流得很多？還是一點點？」「是不是沾到沙發了，而且去污劑洗不掉？」

三、當住附近的孩子認為「家裡沒大人」，所以來我們家玩再好不過時，請先問自己：「我準備好接下來都要被鎖在沒有食物、也沒有電視的房間裡嗎？」「我有必要和一個會拿冰塊扔小鳥的男孩當朋友嗎？」「老媽會不會發現，我們拿她的食物攪拌器製作碎彩紙？」

四、只有傻瓜才會打電話給他的母親說：「我好無聊。」

一天晚上，當米莉安在廚房忙著把漢堡肉拿出來解凍，並分派家務給孩子們時，她的兒子說：「你如果不在家照顧我們，幹嘛要生孩子？」

她的另一個兒子說：「現在我每天放學回來都沒人在家。以前你都會烤餅乾給我們吃。」

她的女兒說：「有時候我覺得當媽媽的都很自私，她們不會和你分享最深層的想法，像是她們對生活的看法……」

「我對生活很滿意啊！」米莉安一邊說，一邊攪拌著沙拉。

【爾瑪媽媽經】

嘗點甜頭

一天早上，在主日學課堂中，老師問：「耶穌的門徒在吃魚之前說了什麼？」一名坐在前排的五歲男孩，用力地揮著小手說：「我知道，他們問說：『這些魚有刺嗎？』」

身為一個窮盡一生、千方百計想把食物塞進孩子胃袋的母親，我有理由相信這個故事是則福音。

毫無疑問，孩子是世界上最好奇的食客。他們會吃泥巴（不管是生的或烤過的）、石頭、黏膠、蠟筆、原子筆、活跳跳的金魚、菸屁股和貓食。但如果你哄他們吃一口燉牛肉，他們會擺出一副無辜的小狗臉望著你，就像小狗看見主人站在牠面前、手上高舉一份捲得特別厚的報紙那樣。孩子還小的時候，我常被他們從口裡吐出來的食物噴得滿臉都是，令我不得不在眼鏡上裝雨刷。

有次我讀到一項調查報告，據瞭解，百分之五十八的受訪兒童討厭父母強迫他們吃不喜歡的食物。我的孩子非常挑食，他們只吃球場上販售的熱狗、泡在來路不明醬汁裡的小到不能再小漢堡、串在鐵絲衣架上烤成焦炭的棉花糖，甚至就連任何丟在車內十五天以上的食物也照單全收。總而言之，他們只吃在電視廣告裡跳舞搖擺的食物。

後來我終於勇敢面對一個殘酷的事實，那就是——家常菜色過時了，就在家家戶戶母親努力端出營養均衡飲食的心意下，壯烈犧牲了。緊接著，娛樂界的飲食出場！漢堡有了俏皮的名稱，墨西哥玉米餅有專屬的朗朗上口廣告歌，買杯奶昔就送一顆氣球。

我像任何一名熱血的母親，鬥志沸騰，準備展開絕地大反攻。

我在烤箱上方裝了一道金色拱門，上面安裝一個電子計時器，又加裝一盞紅燈用來照射肉餅，為它保溫。我增添輕食菜單和「得來速」窗口，還把濕答答的涼拌菜絲和塑膠叉子放在紙袋內，遞給孩子們吃。我還特別變裝打扮烤披薩，但孩子們很快即失去新鮮感。我也不忘搞笑，讓他們朝著我張開的大嘴放聲點菜。但這招也不管用。

他們就是喜歡——坐在一年四季都帶著洋蔥怪味的車上吃東西。後來那幾年，我們全家都在車上吃飯。

然後有一天，我兒子對我們提出一個怪請求。他說：「你們不是說，我生日那天可以在任何地方吃東西嗎？」

我們點頭。

「那我想在家裡吃。」

「啊，我不知道耶！」我說，一邊望向我的丈夫，「我們負擔得起嗎？」

「當然，管他的，這是他的生日。」

到了生日當天晚上，每個人看起來似乎都有些不一樣。他們變高了。

「嘿，瞧這個，」一個兒子說，「你們怎麼稱呼這東西？」

「銀器，」我說，「那個長相奇特的東西叫餐刀。」

「帥。」

「這些叫餐盤。」

「我從來沒到過一個能帶狗進去的地方吃飯。」我們的女兒說。

「明年生日能不能也這樣？或是可以提早一點慶生？」當全家高唱「生日快樂」時，我們的兒子問。

「別樂昏頭，到時候再說。」我故作輕鬆，一邊整理餐後垃圾一邊說。

學歷絕非一切

康妮 ❤

康妮面前有一張求職表格。她停下筆來揉揉眼睛。她很累，昨晚不該熬夜看美國小姐選美比賽，但她很高興她看了，一個人能有多少機會親眼目睹歷史的一刻？你想，身高只有一百五十七公分的美國小姐。上帝是存在的。

她又回頭繼續填表，這才發現兩隻手指指尖黑黑的。「這下可好。」她大聲說。她才塗上眼影就去揉眼睛，這會兒兩隻眼睛看起來一定像浣熊。她老是忘記自己塗了眼影。

這一切對康妮來說都很新鮮。每天穿褲襪，包包要搭配服裝，她還在眼睛底下擦上除皺霜，試圖掩飾被兩個正值青春期孩子折騰得快速老化的黑眼圈。當然，她還有新的減肥方法——離婚，以及一天只攝取七百卡路里的熱量。

上一次就業地點——誰還記得。

年齡——介於更年期與闔眼入土之間。

婚姻狀態——她將口水吐在手指上，想把黑色的眼影擦掉。康妮生來就是結婚的命。

她和馬丁高中畢業後兩人立即結婚。他們一切都按照書上的指導，買房子、計畫生育（兩個孩子）、夏天去佛羅里達度假，以及省吃儉用兩年買下一台冰箱。

她不快樂，但也不悲傷。

然後有一天，她在機場送朋友上飛機時，無意中聽到旁邊有個女人談論剛去世的丈夫，說道：「屋子裡好安靜，沒人可以說話，沒人修理東西，睡覺時沒有人在身邊，沒有人吃你煮的食物，沒有人陪你度過一天，也沒有人讓你感覺自己『還活著』。」

康妮愣住了。

那個女人所形容的，正是她與馬丁的生活模式！

離婚後，她嘗試了各種可以在家裡做的工作——照顧朋友的孩子，幫鄰居看家，以抽取佣金的方式推銷化妝品（多可笑，她擦了唇蜜之後連三明治都沒辦法吃）。她需要一份全職工作。三個月來，她不斷從一個辦公室前往另一個辦公室，她有個重大發現——她不符合任何工作的資格，而且她沒有目標。

目標——她多麼希望在這樣的大熱天底下，穿著短裙、全身拘束的自己除了想大刺刺地翹腳，還有其他目標。昨天晚上的選美比賽，阿肯色州小姐就有一個偉大的目標，她想為世界和平組織效力，解除全球各地的饑荒。康妮也想把這個目標填在她的履歷表上，但終究沒寫進去，怕顯得太做作。

康妮深深吸一口氣，看看自己的履歷。這是一份連失眠的人看了也想睡的履歷。

「索耶小姐現在可以見你了。」接待員說。

索耶小姐看起來和她過去這幾個月見過的所有人事經理一樣，臉上的妝畫得無懈可擊，髮型蓬亂得很自然（像沒整理過的床鋪）。索耶小姐一副乳臭未乾的模樣。

「你沒有大學學歷。」索耶小姐說。

「我本來想去二專修一些課，但到了那兒繞來繞去，怎麼也找不到停車位。」康妮清一清嗓子說。

「你沒在性別欄上打勾。」索耶小姐說，彷彿正在為學期報告打分數。

康妮本來想說「我和我女兒同『性』」，而當初之所以懷女兒，是因為我相信民間奇譚說只要在滿月時行房就能懷上女孩。」心思快速翻飛的康妮，最後還是決定不要亂開玩笑。「女性。」她說。索耶小姐幫她打勾。

「你沒有什麼工作經驗，」索耶小姐說，「你不會使用電腦嗎？」

「我一離開學校就結婚了。」康妮回答。

「恐怕你不符合我們要求的任何資格，不過我們會留下你的資料，如果將來有合適的職缺，我們會通知你。」索耶小姐搖頭。她伸手去拿話筒（面試主管的一貫伎倆），暗示面談到此結束。

康妮坐在停車場內，頭低垂在方向盤上，氣得哭不出來。不符合任何資格！誰說的？一個乳臭未乾的小鬼（看起來跟她的孩子沒什麼不同）說的。她真想對這個坐在辦公桌後面的小鬼說：「我認識你！你也認識我！我不是曾經抱過你、餵你吃奶，在你的屁屁上擦過痱子粉？我不是餵過你吃飯，在你的生日派對上掛彩帶？我去學校觀賞你的戲劇演出，鼓掌最大聲的那個人就是我。我去參觀你的科學展覽，陪你走了幾個鐘頭聽你解說麵包的黴菌可以治癌。

「我聽你的鋼琴獨奏，為你調配營養均衡的三餐，自己卻省吃儉用。我學習如何自己做衣服、剪頭髮。我比別人更早學會做漢堡。我一天要做一千個決定，開導你，讓你開心，穩定你的情緒。我聽你傾訴，你笑時我跟你一起笑，你哭時我陪你一起哭。現在我好不容易過著平衡有方的生活，你卻問我什麼資格不資格的。」

康妮越想越氣，她下車折回辦公室，再度來到那位「頭髮蓬亂的小姐」面前。

「你忘了什麼嗎？」索耶小姐冷冷地問。

「是的，我忘了告訴你，今天早上有個主持面試的人說我太沉默。兩個小時後，另一個面試主管說我的眉毛長得不夠好，還問我能不能在承受壓力的情況下開車；他們還告訴我，如果我有職業客車駕照，就可以去開機場接駁巴士。一個鐘頭前，一個超級闊嘴、智商顯然等同她貧乳胸圍的女孩得到了那份工作。

「索耶小姐，讓我告訴你我是誰，以及我具備什麼資格。我是個三十五歲的媽媽，專職的家庭主婦，一個十七歲孩子的母親，而且我是個好母親。如果你行行好再多給我兩張紙，我很樂意把我的背景和我會的技術統統告訴你！」

能言善道的五位婦女作家

艾琳・霍夫❤

——詩社書簡

羅莉塔・弗列克太太收

奧克拉荷馬州諾曼市棘藤木區

親愛的弗列克太太：

接信獲悉本人即將繼您之後接任「華特惠特曼詩社」會長，十分震驚。畢竟我不過才以來賓的身分，參加過一次貴社的聚會。

雖然本人深感榮耀，但我恐怕無法擔任貴社下任會長一職。

我平生最怕當眾開口說話，我想您應該可以諒解。我天生膽小內向，這樣的性格實在無以承擔大任。

艾琳・霍夫敬上

九月十六日

親愛的羅莉塔：

謝謝您的盛情來信，我同意一切「漸入佳境」這句俗諺，但我還有一個原因無法接任貴社會長之職。這件事我還沒告訴任何人（包括我的丈夫），那就是，我的右腳拇指長了一個腫瘤，也許是良性的，但誰也不知道。我不希望我的體弱多病為貴社帶來太多麻煩。我知道您一定會為我保守這個小祕密。

信任您的　艾琳・霍夫敬上

九月廿一日

親愛的羅莉塔：

如果不屈不撓的精神是小雨滴，幾個星期前您早已被大水淹沒了。我知道貴社願體諒並支持我，也謝謝您提醒我組織章程中有「腫瘤告假」這一條。但是霍夫先生很可能調職到國外，如此一來，我就不可能參加「華特惠特曼詩社」每月一次的聚會。我相信您一定可以從貴社內部找到比我更好的人選。

鈞此

艾琳・霍夫敬上

九月廿六日

親愛的羅莉塔：

您與貴社全體會員的盛情讓我愧不敢當，雖然您願意讓我擔任會長直到我們出國，但我還有另外一個無法接受的理由。

我不會開車。

而且我不喜歡坐別人的車。請您見諒。

鈞此

艾琳・霍夫敬上

十月一日

羅莉塔，我根本不知道華特・惠特曼是何許人！

艾琳・霍夫

十月四日

羅莉塔：

好吧，我接受。

情非得已的華特惠特曼詩社會長　艾琳・霍夫

十月七日

芭菲・惠康❤
——一年一次的聖誕節書簡

親愛的諸位親朋好友：

哈囉，各位好。

一年又過去了，又是向各位報告惠康家近況的時候了。

我們家的路易斯頓通過大學入學考試，他馬上要就讀哈佛了（嗚嗚，十六歲上大學好像早了點，學校又離家這麼遠）。鮑伯和我將開車送他去，因為他一直說要把他蒐集的俄羅斯娃娃也帶去（小孩子，怎麼勸都沒用）。

各位從我附上的照片可以明顯看出，我家的美樂蒂變豐滿了。她要步她老媽的後塵，當上席瓦高中的「搖旗吶喊啦啦隊」隊長了。想當然爾，啦啦隊隊長一定是畢業舞會在校生與校友之花中「最漂亮的女生」。今年的主題是「魔法之夜」，你一定會愛死了，更巧的是，它和我當選校花那年的主題一模一樣哩！你能不大聲尖叫嗎？

鮑伯今年又升官了，我們的納稅級距也跟著跳升一級（唉）。我忙著當志工。過去一年我為「烘焙劇場」打了七十四個小時的電話募集麵包，結果被選為「電話女郎」第一名。

今年六月，我們一家度過一段「艱苦」的露營旅行。試想，一段沒有食物調理器的一千公里長征之旅！我們的露營車長四十五英尺，鮑伯費了九牛二虎之力才把它開進營地。美樂蒂說，誰叫他不去有代客停車的地方。美樂蒂真有意思（她有三句雋永名言曾被《讀者文摘》採用呢）！

我必須說，這是一次令人難忘的旅行。我們看到小鳥飛到野餐桌上吃麵包。有一天，我們還去逛了一家正在打折的商店。你不得不承認，芭菲‧惠康愛死了冒險。

但是到了八月，悲劇降臨。我們家那隻得過獎的貴賓狗雀兒喜，被一條從投信孔硬闖進來的德國牧羊犬給強暴了。鮑伯比誰都奮力保護她的名節。

此外，鮑伯和我去參加第廿屆校友大會，想不到接待員竟然把我們帶到「學生」區。大家都問為什麼我們看起來總是那麼年輕。其實我們也沒怎麼特別保養，只不過吃得營養又均衡，經常運動，以及經濟狀況比較寬裕罷了。

我要謝謝大家去年回信（就是內容提到惠康一家人成就的那封「聖誕前夕」書簡）給我，回想當時，要寫出一整篇從頭到尾都和「經濟富裕」這個字押韻的文章實在不容易，感謝大家留意到我的用心。

順祝　聖誕快樂

芭菲與鮑伯
美樂蒂與路易斯頓
雀兒喜與布魯諾
共同敬上

比莉❤

——一封寫給即將來訪老同學的信

親愛的莎兒：

真高興接到你的來信，很難想像距離上次你們全家來訪又匆匆過了三年。但我掐指算算沙發修好、床墊換新（小湯米還會尿床嗎），以及將車子重新鈑金的時間……果然沒錯，整整三年了。

你是我的好友，所以我知道，如果我告訴你，很抱歉你們要來的那段時間我們不在家（雖然你並未提到明確日期），相信你一定能諒解。其中有許多原因，我實在不知該從何說起。

首先，我母親是個大問題，只要她一「起乩」，我們就必須立刻趕過去。我知道這話聽來令人費解，以後有時間我會再向你解釋。總之，感覺有點像你們家的小華倫，他現在還喜歡看火焰熊熊燃燒嗎？

比爾和我今年夏天可能會環遊世界，現在事情還未定案，仍在計畫階段，而且要看加油站的生意好不好再做決定。假如他能撥出時間，我們又能攢一點錢……你知道，事情就是這樣。

不過，萬一我們哪裡都不去，那我們可能會把屋子裡外重新油漆一遍。因此如果你來了，家裡亂七八糟的也不好（尤其是萬一你家的小夢娜又把自己關在廁所內，在馬桶調製她的「祕密靈藥」就糟了）。

孩子們也想去露營，這樣你們家的小天使沒人陪他們玩也會很無聊（我們家的蜜雪兒至今還在提，你家的麥隆把她當成飛鏢靶那件事）。

我真不敢相信，竟然有這麼多變數使我們今年夏天無法見面。畢竟上次分手時大家都很捨不得。

要來之前請先來電，我再好好向你報告我們的計畫。

附言：我們可能會搬家。

愛你的　比莉
四月十二日

葛瑞絲・藍格特❤

——就冰箱門把脫落一事，致函羅伊家電公司總裁

親愛的羅伊：

今年三月廿一日，我們家的冰箱門把突然沒來由地脫落了。當時，我先生史東尼和我都不在現場。

三月廿一日當天上午，我們打了通電話給你們，貴公司的服務人員杜恩前來檢查，他說門把不可能無端脫落，因為門把內有根將近八公分長的釘子折斷了。現在我問你，你想會是誰幹的？當然不可能是我先生或我，當時我們都在看電視；也不可能是我四歲的兒子布卓，這件不幸的事發生時，他正在他的房間裡盪鞦韆。

你們過去的服務一向很好。你也許還記得，有次，一管牙膏無緣無故出現在我們家

的烘衣機棉絮集塵袋內，以及曾有一隻穿著褲襪的活生生小狗卡在洗衣機的迴轉盤內；顯而易見，它們早在機器出廠前就已經在那裡了。

我想你對這類靈異現象早已司空見慣，但對我們而言，簡直就是搗蛋鬼在作怪。

我們為了不想麻煩你們來換冰箱門把，便聯絡我們的保險公司，但保險公司人員的答覆是只有老天能幫我們了（那天晚上，他為了一個門把而無法好好吃頓晚飯，心情想必不大好）。

我很遺憾地向你報告，我們的冰箱下個月就要滿十八歲了，當然談不上保固期。不過，我們知道你是一個多麼注重商譽而講公道的人，所以我們期待你能早日為我們這些受害者免費換一個新的冰箱門把。

鈞此

葛瑞絲・藍格特　敬上

六月四日

梅莉莎・瓊賽❤

——備忘錄：寫給臨時幫忙照顧六週大女嬰的母親

媽：

請你在小波到來之前，在嬰兒床和防撞墊附近多裝幾個燈泡，上次來你這兒，燈光實在太暗。

預先準備四箱日用嬰兒尿布（請選六點八公斤重適用的尺寸）。

一瓶脫脂牛奶，記得挑日期最新的。

多準備一些濕紙巾和裝髒尿片的塑膠袋。

奶瓶可以用洗碗機清洗，但奶嘴和瓶蓋必須用手洗。記得要把水擠出奶嘴的吸孔，確認奶嘴沒有阻塞才行，否則寶寶吸進太多空氣打嗝會痛。

菲蘇德美肥皂。

凡士林保濕油膏。

兩個塑膠桶和一個大型洗衣籃。

商業用大型洗衣機和烘衣機或許也用得著。

寶寶在的房間內不可以有寵物。
寶寶睡覺時，電話筒要拿起來。
溫度計用過之後要甩一甩，把度數甩下去，然後插在酒精裡保存。
嬰兒床不要放在排水管線下方。
玩具不用時要放進塑膠袋。
嬰兒痱子粉要先倒在手上，不要直接撒在嬰兒的皮膚上。
要記得用手托住她的頭。
不要太常對她呵癢、玩躲貓貓，或玩拍拍手的遊戲。這些舉動太劇烈會讓她吐奶。
偶爾檢查一下體溫（緊急聯絡電話寫在另外一張紙上）。
她是你的外孫女，輕輕鬆鬆帶她玩，三個小時很快就過去了。

愛你的　梅莉莎

#【爾瑪媽媽經】

沒有撐不過的危機

有些母親注定遇上重重危機。但她們早有心理準備。她們總是身穿色系完美搭配的外出服，一手拿車鑰匙，另一隻手拿著附插圖的急救手冊。

當有個孩子在門邊大聲呼叫：「媽咪！媽咪！麥基流血了。」這個母親會不慌不忙地打開烤箱的定時器，好讓全家可以在六點前吃晚飯，然後她把車子倒出車庫（油早已加滿），再將孩子送往醫院。

她總是從容地站在櫃檯前，而我則是帶著我的孩子（他手上裹著骯髒的洗碗巾，身上穿著我準備汰換成抹布的睡褲）衝進醫院，驚慌地說出來意。

她能快速背出她的保險證號碼，我則慌張思索我孩子的姓名和年齡，最後好不容易才確定他是在我們付完冰箱分期付款的那一年出生。

當她腋下夾著《星期六文學評論》雜誌不慌不忙走到等候室時，我卻在檢查每一具公共電話，看能否找到一枚銅板打電話通知我（根本忘了他叫什麼）的丈夫。

養兒育女最困難的一件事，就是如何分辨你的孩子需要或不需要就醫，或者至少也要像我們常聽到的：「千萬不要成為你們街坊第一個因便祕送醫的人，也不要成為最後一個因骨折而就醫的人。」

這世上恐怕再也沒有比把一個病童交給保母照顧，更令人感到不安的事了。就算保母是「泰瑞莎修女」，你還是很有罪惡感。此外就是，當孩子嘔吐時你不在身邊，這也同樣讓人難以承受。我有次出門前寫了一張注意事項交給保母。寫這張備忘錄所花的時間，竟比我寫第一本書花的時間還要多——

親愛的蒂比小姐：

栓劑放在冰箱內，就在麵包蟲旁邊。麵包蟲是給蜥蜴吃的，牠和人一樣也要吃早餐。栓劑是給布魯斯嘔吐時用的。他會反抗，但你一定要堅持。取出後請記得放回冰箱內，因為它們必須冷藏。抗生素每十二小時吃一次，布魯斯最討厭半夜三點起來吃藥，他會當著你的面吐掉，但請你提醒他這是為他好，態度要堅定！小兒阿司匹靈放在上面櫃子的藥箱內。請務必提早準備，因為瓶蓋是為了防止兒童亂動而設計的，所以很難打開。你要先壓下瓶蓋，同時以反時針方向扭開，直到箭頭指向凹痕，然後用大拇指一摳就開了。假如你打不開就交給布魯斯，他兩秒鐘就打開了。

他還無法適應固體食物，但不妨試著給他吃一點果凍和餅乾，萬一他吐出來，就不要再餵他吃固體食物了。

邦貝克太太

小兒科醫生一點用也沒有，他們每年都給你一點指示，有些甚至成為喜劇搞笑題材。其中的經典名句是「記得不要讓他吐奶」，還有「別讓他抓破皮」。「讓他安靜地躺在床上」是另一句金玉良言，但我最喜歡的一句還是「觀察他的大便」。

你知道有哪個母親會遵守這些醫囑？我兒子有一次吞下一枚硬幣，我本來打算報稅時把它列在呆帳內就算了，不去理會它。

我母親知道後大發雷霆，「你一定要帶孩子去看醫生，看它卡在什麼地方，它有可能造成嚴重後果。」

醫生檢查後替他照了X光，發現那枚硬幣已經「旅行」到他方。他轉向我，面色凝重地說：「注意看他的大便。」

「為什麼？」我問。

「看硬幣有沒有出來。」

「我們不在乎那一點錢，我們有自己的房子，而且有微波爐。」
「不是錢的問題，」醫生說，「你難道不想知道會有什麼後果嗎？」
「不怎麼想知道。」我說。
有些事即便是沒受過教育的媽媽也懂得怎麼應變。

尋找女兒的「真媽」

派特 ❤

原來你就是喬安妮的「真媽」。

我常對著浴室的鏡子跟你說話，而且淨說些好話。

我以為你會長得比我更高一些，畢竟我們談起你時都覺得你地位崇高，而且我總感覺你像個演技一流的女明星。不要問我為什麼。

我們常提到你。喬安妮（你女兒現在的名字）開始會認人時，我們便告訴她，她是我們收養的女兒。我們告訴她，她的生母因為太愛她，所以無私地將她送給能讓她過好日子的人。這是真的，不是嗎？不，算了，我不想知道。

原諒我一直盯著你看，那是因為我一輩子都想知道一個真媽到底長什麼模樣。

喬安妮似乎比我們更瞭解你，她老是說：「我的真媽一定不會這樣」或「我的真媽一定不會說這種話」等等。

我想，首先我應該謝謝你生下我們的孩子，要是沒有她，我真不知道我們的生命會如何。孩子使人的生命更充實。你也許想多知道一些喬安妮的事。她漂亮嗎？她聰明嗎？她快樂嗎？她會彈鋼琴嗎？我想我應該告訴你這些。奇怪，我總覺得我虧欠你。像是我虧欠你「多少」？什麼時候才能償還？什麼時候我才能變成真媽？

你也應該聽點好事才對，畢竟你也許已經聽過那些壞事了。我們母女曾經歷過痛苦時刻，你知道我們的（嗯，你的）女兒八歲那年差點死於氣喘嗎？母女倆一起做氣喘蒸氣治療的那個晚上，我想到了你。我對自己說：「真媽，你此刻到底在哪裡？救救她吧！」

為什麼我會這樣？為什麼我會生你的氣？我一直明白，你自認做了最好的安排。我從你臉上的表情看得出來，你絲毫不覺自己究竟做了什麼可怕的事。其實我也不敢肯定。我只知道，當你離開時，你同時也帶走了我們孩子身上的一部分，而那是我們無法給她的——你帶走了她的過去！

沒有了過去，她只能在挫折的大海中漂流，有時浮有時沉，她甚至不知道哪個港口才是她的家。她對抗生素過敏嗎？她的祖父有一頭紅色的頭髮嗎？她有愛爾蘭血統嗎？她是在充滿愛的環境下孕育出生的嗎？她是父母親想要的孩子嗎？除了她之外，還有其他和她長得相像的手足嗎？

愛？人們談起愛，彷彿它是一帖能治癒所有身心疾病的良藥，然而有一種東西卻是它無法醫治的，那就是被一個賦予她生命的女人拋棄。我們都試過了。照相簿、生日派對、現成的祖父母，但在她內心深處，她依舊像個在屋外徘徊的流浪兒，她始終不覺得屋裡的一切與她有任何關係。

我望著你，不明白為什麼這些年來，我一直感受到一個虛幻真媽帶來的威脅。

你想知道什麼叫做真媽？

真媽會去兼職賺錢，為她買一支會發光的指揮棒。

真媽是當你聽到她說「我恨你」時，依舊說「不可以」。

真媽是當她開車出去，而且外面下著雨時，你會在客廳坐到半夜三點等她回來。

真媽是當她痛苦你跟著痛苦，當她快樂你也跟著歡笑。

真媽是急診室、家長會、震耳欲聾的音樂、說謊、反抗、摔門。

真媽是每天都在身邊！

不知道為什麼，我越講越大聲了。

我知道，這些年來你一直是我愛與感激、挫折與痛苦、譴責與同情的對象，但大部分時候你是我嫉妒的對象。我願付出一切換取女兒心中那個形象美好的你。但我希望，那個曾在我腹中蠢蠢欲動的小女嬰，有一天會望著我，知道我是真媽。

沒有人能給我這一切，也沒有人能奪走你所擁有的。

它一直在那裡。

【爾瑪媽媽經】

別人的媽媽

她沒有名字。

電話本上找不到她的電話號碼，但她卻存乎所有任性的孩子心中，她是孩子們使性子的最後絕招。

「別人的媽媽」必定來自希臘神話——那麼神祕、隱諱，而且充滿傳聞。

她讓每個孩子有求必應。

守舊的媽媽：「十一點以前要把車子開回家，否則罰你禁足一個月。」

別人的媽媽：「隨你高興，愛幾點回家就幾點回家。」

守舊的媽媽：「如果你要穿那件比基尼，唯一條件是外面再穿一件外套。」

別人的媽媽：「穿吧，你只能年輕一次。」

守舊的媽媽：「你一定要去上暑期班。沒得商量。」

別人的媽媽：「我想讓我們家哈洛德造一艘木筏，讓他從俄亥俄河順流而下，學習一些寶貴的人生經驗。」

有些新手媽媽也想仿效別人的媽媽，無論是她的生活方式或撫養孩子的專長背景，但都失敗了。媽媽們最多只能湊合手邊蒐集到的各種資訊，多加瞭解——
可以想見，別人的媽媽是行為失檢蕩婦和拒絕長大小孩的綜合體。她喜歡與蛇同住，喜歡在飯前吃冰淇淋，不愛鋪床。天氣再冷也從不戴手套，選舉時投票給反越戰的麥卡錫。她整天在外晃蕩，從不在家。她不看牙醫，討厭做家事，日用品買回家後從不歸位。她晚睡晚起，喜歡抽菸，菸屁股隨便往地毯上一扔，然後以鞋尖用力捻熄。她早餐吃軟糖，盒裝牛奶直接對嘴喝，為圖舒適她穿運動鞋上教堂。她從不洗車，也不帶傘。

別人的媽媽經常搬家，而且在同一時間的任何地方都能看見她。當你以為她搬離社區時，她又出現了。她行事明快，一生所做的決定比法院歷來所做的判決還多。她只有一個孩子，和一個幫她打理小孩一切的密友。

別人的媽媽從不說「不」。

因此，如果她出現在家長會並且被人認出來，一定會立刻遭到私刑。

別人的媽媽經常被質疑是否存在。她很可能只是孩子一廂情願的想法。真有這種人存在嗎？噢，有的。維琴尼亞就是。她活在每個孩子的心中，他們相信確實有這麼一個大人站在他們那一邊。這個人瞭解他們的挫折，知道他們有時也想做點被大人禁止的事——嗯，孩子們就是想要為反對而反對。

而沒人見過她，就代表她不存在嗎？那誰又能證明，黑暗中躲在床上、開燈後立即消失的夢魘怪獸或老虎是真實的呢？

別人的媽媽絕對真實，而且在孩子年紀還小的那幾年裡，她是天底下所有媽媽最難對付的敵手。然後有一天，她自然而然地消失了，取而代之的是重量級的叛逆與獨立——喜歡頂嘴，口裡說出的正是別人的媽媽以前幫腔的那些話。

那叫做「青春期」。

它令你不由得懷念起別人的媽媽，她其實也不是那麼壞的一個人。

繼母難為

白雪公主的繼母❤

這是白雪皇后的第一次婚姻。

三十七歲的她本來以為不可能有機會結婚。有時，她甚至得狠狠捏一下自己才能確信這不是作夢。她嫁給一位成功的國王，他在郊外擁有一座城堡，還有一個長得像電視廣告明星的漂亮女兒。

一切看似圓滿，但事實不然。白雪公主討厭她這個要和父親結婚的女人。為什麼不能他們父女倆自己過日子就算了？她沒來之前，他們一直都很快樂呀。婚禮當天，白雪公主告訴這位新繼母，她要穿「看起來很舊但其實是新的、而且是借來的藍色服裝」參加典禮，這充滿挑釁和叛逆的裝扮指的是——一條破舊的褪色牛仔褲。

皇后知道公主被寵壞了，但她決定施展耐性，絕不能讓這個問題成為自己丈夫的心頭重擔。

白雪公主在城堡替槍術部隊舉辦睡衣派對，徹夜狂歡，皇后幫她掩護。國王的馬車被撞凹一個洞，皇后自己攬下過錯。當她看見白雪和幾個朋友一起在槌球草地上抽菸，她默不作聲。

有一天，她望著鏡中的影像，大聲問：「魔鏡，魔鏡，誰是世界上最蠢的人？」魔鏡還沒開口，她已經知道答案。

事情不能再繼續這樣下去。

一天，她特地來到白雪公主房間。

「白雪，」皇后溫柔地說，「我們一直不親，我不明白為什麼。」

「因為你既無情又殘酷，」白雪公主說，「而且你巴不得我離開。只要我在的一天，你就會不斷被提醒，我死去的母親是多麼美麗。」

「我希望我們能和睦相處，畢竟我們都深愛著同一個男人，他值得擁有我們更多的愛，不是嗎？」皇后說。

「你還是去照你的鏡子吧，」白雪說，「你以為我不知道你對鏡子說話？你這個女巫！」

「你明白什麼叫真愛嗎？真愛就是即使可能失去所愛也要說出實話。你的行為就不能檢點些嗎？不要再做惡作劇打扮了，生活要規律，去上大學吧，或者去當志工，否則我就把你那些素行不良的事，統統告訴你父親。」

當晚，白雪公主因為害怕皇后真的對自己不利，於是朝舊金山郊外的森林走去。她在一處空地發現了一間小木屋，那裡住著一群自給自足的人。這是她有生以來頭一次沒事先訂房即可入住。往後三年，公主每天彈吉他，自己種菜，為當地的花店編織貓頭鷹吊飾。

世上恐怕再也沒有比繼母把孩子趕出家門更令人深感不安的事了。皇后天天都在想辦法把白雪找回來。

有一天，信差帶來了白雪公主的消息。皇后自然向丈夫報告。

「我們找到白雪了。」

「太好了。」國王說。

「不怎麼好，」皇后說，「她住在森林裡的一處公社。」

「喔，我還以為更糟，本來以為她可能找個男人同居。」

「她和七個男人同居，而且全都是侏儒。」

「我要她馬上回來。」國王說。

白雪回來了，帶著一個丈夫和一名嬰孩，要求重新回到這個家。

他們一家三口拿了一塊床墊舖在沙地上睡，四周點滿蠟燭。他們喝羊奶、吃葵花子，整天打坐冥想、哼哼有詞。

有一天，皇后來到魔鏡前說：「魔鏡，魔鏡，我究竟該怎麼做才能撐得下去？」

魔鏡回答：「喝酒吧！」

灰姑娘的繼母❤

她名叫芭菲・荷辛格。但在舉世聞名的童話故事中，大家只知道她是「仙杜瑞拉——那惡毒、醜陋的繼母」。

芭菲是個徹底的輸家，失敗之於她的人生簡直像白色衣服上揮之不去的污漬。先是雷，他離開她，她只好挺著大肚，帶著一個稚女，無依無靠。然後是尤金，他帶著女兒仙杜瑞拉和她結婚，不久又與她分手，去追尋他的真愛。

芭菲是左鄰右舍中第一個出去上班的母親，但她不敢奢望自己是個「真正的」母親（仙杜瑞拉每天至少提醒她這個繼母十五遍）。她上班，下班，回家，然後每每咆哮到臉紅脖子粗，甚至靜脈曲張。她精疲力竭地爬上床睡覺，想著如果再這麼繼續獨力撫養三個青少女，她的下場肯定會像「長髮姑娘」，鎮日枯坐在高塔上編織自己的頭髮。她若想好好過日子，就非把她們嫁出去不可。

她自己的兩個親生女兒已經夠可惡了。她們脾氣乖張，整天懶散在家，總是讀些八卦報，等人拿湯匙餵她們吃飯。懶散，芭菲倒還能應付，但仙杜瑞拉無所不在的妄想力卻令她抓狂。打從一開始，仙杜瑞拉的說謊技巧便高竿得有如孩子們玩弄橡皮糖那樣——

拉長、揉捏、藏起來，然後假裝沒事。這小女孩告訴她的三年級老師，繼母逼她脫光衣服在雪地裡罰站。她告訴老師們，繼母的兩個親生女兒姊姊聖誕節穿的是絲質洋裝，但處境淒涼卻是她的寫照。仙杜瑞拉告訴每個人，繼母之所以討厭她，是因為她長得美，而且還要她替車道打蠟。

有天晚上，芭菲正在繡一幅織錦掛飾，織面是一句格言——「真愛就在燈火闌珊處」。她還把仙杜瑞拉找來問話。

「仙杜瑞拉，你為什麼要編造那些謊言？」

「我沒有，」仙杜瑞拉矢口否認，「我整天都在做家事，我不過是個下人而已。你愛你的孩子更甚於我。你沒出現之前，爸爸和我過得很快樂，如果他在這裡，一切都會不一樣。」

「每個人都要做家事，」芭菲疲倦地說，「如果你們把所有家事都做完，禮拜五晚上就可以去參加舞會。你想去嗎？」

「你想騙誰啊？」仙杜瑞拉一面朝門口走去，一面說，「你一定會想盡辦法不讓我出門。不是鍋子刷得不夠亮，就是地板沒擦乾淨。我討厭你，我討厭你臉上的肉瘤！」

「那不是瘤！那是痣！」芭菲在她背後大吼。

星期五就要到了。芭菲的兩個女兒很快地把家事做完，但仙杜瑞拉不僅拖拖拉拉還漫不經心。負責清理磁磚的她，總是以指尖抹起一丁點灰塵，吹一吹，然後再用同樣的方法清理下一片磚。

芭菲罵她態度惡劣、做事敷衍。「夠了，我說的話你當耳邊風，你被禁足了。」

不料幾個鐘頭後，仙杜瑞拉卻出現在舞會上，芭菲比誰都吃驚。她抓住其中一個女兒問：「她是怎麼來的？」

女兒一口接一口吃著起司，一邊鼓脹著胖臉頰說：「她逢人便說，有個神仙教母幫她把一顆南瓜變成馬車，把一隻白老鼠變成車伕，把壁虎變成僕從，還把好幾隻嚇壞的老鼠變成拉車的馬。」

「喔，我的天哪，」芭菲無奈地說，「她可別把這番話說給八卦報的記者聽，否則他們會把她關進瘋人院。你去叫她趕快回家，否則我罰她一個禮拜不准坐下。」

那天晚上，仙杜瑞拉在舞會上認識了一個鞋商，幾個月後便結了婚。不久，仙杜瑞拉將一本名為《親愛的繼母》書稿交給出版社，芭菲從此快樂不起來。這本書後來改名《灰姑娘》，很快就變成一本暢銷書。

此書功德無量，拯救了數百萬計的失婚女性——不敢再找第二春的她們，從此過著幸福快樂的生活。

糖果屋兄妹的繼母❤

薇瑪在一個木匠集會上邂逅了漢薩與葛莉塔的父親赫伯，兩人一見鍾情。他們喜歡一樣的音樂、一樣的食物，甚至喜歡一樣的笑話。三天後，不出所料，薇瑪放棄了她的祕書工作嫁給赫伯，並且和他的兩個孩子一起住進森林。

但薇瑪從一開始便意識到這兩個孩子不喜歡她。他們在餐桌上只擺出三份餐具，他們朝著她的燕麥粥咳嗽讓她食不下嚥。有天晚上，他們甚至把一頭野狼的屍體放在她的床上。

「也許他們吃太多甜食了，」她對赫伯說，「精神才會過度亢奮。」

「胡說，」赫伯說，「他們還小，試著跟他們玩玩吧。」

薇瑪試著去做。她帶他們去野餐，他們卻把她綁在樹幹上。她讀故事書給他們聽，他們卻在她的裙底點蠟燭。最後，薇瑪終於面對現實，他們就是那種會「殺死父母，變成孤兒，以博取他人同情」的小孩。

她告訴赫伯應該對孩子嚴加管教，糾正他們的行為。赫伯說：「好吧，那你有什麼辦法？」

「我想應該把他們丟到森林裡。」看到赫伯臉上驚駭的表情，她說：「我是開玩笑的，赫伯，難道你經不起玩笑？」

但就在這個時候，兄妹倆暴戾的小小心靈卻開始策畫一個陰謀——他們絕對要把薇瑪趕走。這對兄妹故意走進森林，然後迷路。他們一回到家就告訴父親，薇瑪丟下了他們，幸好他們偷偷在地上扔麵包屑做記號，所以才能找到路回家。「她一直都討厭我們。」漢薩說。「她還沒來之前，一切都很好。」葛莉塔說。

過了一個星期，他們又提議和繼母一起出去玩，但這次他們真的失蹤了，薇瑪的命運就此閉鎖。幾天後，小木屋湧入許多警察前來採集指紋、尋找線索，並不斷訊問薇瑪與赫伯，直到他們被問得語無倫次，快要崩潰。

「這兩兄妹活像撒旦的孩子，」薇瑪說，「我不知道該怎麼說。」

「他們不過是兩個活潑好動的孩子。」赫伯怒聲說道。

「你不在那天，他們在手臂上綁了一百三十八隻鴿子，說要飛去南美洲，」薇瑪說，「赫伯，我早就跟你說過了，這兩個孩子是怪胎。」

「你是說你很高興他們失蹤？」警察問。

「我是說，他們早就計畫要離家出走。」薇瑪說。

「那為什麼我們在屋外不遠處發現了麵包屑？離家出走的孩子會留下記號？」

薇瑪無法回答。案情對她太不利，她無從辯解。她是個繼母，她從來沒有真正愛過她丈夫的孩子。審判期間，有人提到這兩個孩子可能永遠不在人間了。薇瑪聽了不禁失聲大笑。她被判處無期徒刑，罪名是疑似殺害兩名無辜可憐的小孩。

薇瑪身邊的人都認為她是個瘋狂的人，無法溝通；但有一天，她在監獄的圖書館看到《紐約時報》登了一篇簡短報導——「兩個小孩涉嫌將一名老婦人推進烤爐而遭通緝。兩人來到老婦人家中，詎稱受邪惡的繼母遺棄在森林裡。待老婦人讓他們進門後，便推她進烤爐，將她的財物搜刮一空，然後騎在一隻白鴨的背上逃走。」

薇瑪全身發冷，她寧可老死在監獄裡也不要出去。監獄比外面安全多了。

馬拉松婚禮

唐娜❤

這是每個母親夢寐以求的一刻。電話鈴響，話筒那頭傳來：「媽，你一定猜不到，巴瑞和我要結婚了！」（謝天謝地）

結婚。她的朋友蘇菲有個蓄短髮的兒子，但他還沒有——結婚。另一個朋友愛琳老是說她女兒一天到晚刮腿毛，等著找個男友為她開車門，但她也還沒有——結婚。

結婚，對唐娜來說就像美夢成真。想想看，她的獨生女很快就要面臨一堆待繳的帳單、意外報到的孩子、銀行來電催帳、屋況不佳的房子……做母親的不禁開始替孩子想到她將面臨的種種狀況。不僅如此，唐娜也將成為橋牌俱樂部的第一個岳母。她真不敢相信，同居兩年後，他們終於要結婚了。

但緊接著，唐娜又猶豫了。萬一它其實是另一種形式的「婚姻許諾」呢？她的心思飛到一片草地上，那裡停著一輛車身彩繪可怖毒蛇的車子，現場的音響不斷放送搖滾樂女聲，紙杯裝著有機果汁，來賓在草地上吸菸。女兒琳恩彷彿讀出母親的心聲，她說：「媽，別擔心，這會是一場傳統婚禮。」

唐娜的眼眶溢滿淚水。一場真正的婚禮。蘑菇鑲肉、長禮服、弦樂四重奏、銀器、細長的蠟燭、抒情音樂，以及漂亮的胸花。

「哪個巴瑞？」準新娘的父親卻沒有她那麼興高采烈，他問。

「我忘了問。」

「我們瞭解他嗎？」

「有什麼好瞭解的？他是準備娶我們女兒的男人。」（謝天謝地）

「算他有點擔當，畢竟他們同居了這麼多年。」

一個星期內，喜帖送來了，一張跑鞋形狀的請帖。

琳恩與巴瑞

恭請您於六月十八日星期六下午兩點

蒞臨「賈基健身房」參加他們的馬拉松婚禮

與會來賓請在中央公園集合

與新人一起長跑十K

終點站是「賈基健身房」

服裝不拘：慢跑裝或有氧服裝皆可

唐娜與梅爾默默望著這張喜帖，兩人都驚訝得說不出話。梅爾率先開口：「這不是一張結婚喜帖，這根本是健身房的開幕請帖。我們不去。」

唐娜本能地強硬了起來：「好，你不去，但這是我的獨生女第一次結婚（謝天謝地），我可不想錯過。不管新娘的父親去不去，新娘的母親明天就要去買參加婚禮的服裝。」

第二天，唐娜在試衣間望著鏡中的自己，她曾有一次在試衣間內暈眩的經驗，那次是試穿一件泳衣，當時腳上還穿著一雙長及膝蓋的襪子。今天是她第二次暈眩。這件紫紅色的緊身褲襪被一百萬個呼之欲出的脂肪球撐得發亮，褲襪外頭套著一件開高叉的粉紅色連褲緊身衣，相同色系的頭帶英勇地阻擋她的額頭，以防抬頭紋下垂至眼睛。她又看看暖腿護套，暗中祈禱這玩意兒千萬別讓她產生熱潮紅。她知道假如稍微用力清喉嚨，褲襠就會一緊，不僅肥胖曲線畢露，兩隻腳踝也會不自主跟著併攏。

她探頭到遮簾外，對售貨員說：「不要選這款好了，新郎的母親應該會穿這一種，我看我還是穿那套絨面的藍色運動服。女兒一輩子只結婚一次（謝天謝地）。」

她的最後一站是體育用品店，一名年輕的男店員為她試穿跑鞋。

她對著X光機查看雙腳穿上新鞋後的受壓點，順口問道：「對了，年輕人，十K有多遠？」

「六點二英里。」他說。

返家途中，唐娜忍不住好笑，自言自語地說：「那個年輕人一定是弄錯了，距離怎麼可能那麼遠。」

梅爾知道自己很固執，但他不像唐娜那麼容易原諒女兒我行我素的生活方式。六月十八日婚禮當天，他從傍晚開始，每隔五分鐘便偷偷撥開窗簾往屋外看；到了晚上八點半左右，他又瞄一眼百葉窗外面，正好看見唐娜下計程車。

她一手撐著後腰，一跛一跛地走進來。

「你去哪裡了？」他問。

「喔，梅爾，你應該去才對，太好玩了。我和大夥一起從中央公園出發，然後我努力驅走三條狗，腳上長出兩個水泡，最後終於搭上一輛正好要去『賈基健身房』的摩托車。

「你的女兒美極了，他們站在一排鏡子前面，彼此許下山盟海誓要和現在一樣，愛對方一輩子，要鍛鍊身體。並在上帝的慈悲見證下，兩人都以兩小時又四十二分的成績，順利拿到參與波士頓馬拉松賽事的資格。

「我吃了很多健康食物，認識了很多人。其中有位婦人說，她女兒是跳傘結婚的，跳完之後做媽的還得自己收拾降落傘。我們約好下個禮拜二一起吃午飯。我要離開前，琳恩把我拉到旁邊告訴我，假如她每週持續跑步五、六十公里，很可能無法受孕，所以叫我不要太期待早日抱孫子。她還說，這是我們母女頭一次有意義的對話。

「我們的女婿巴瑞，身材壯得像聯合國大廈，他在西爾斯百貨公司賣冷氣。喔，我是唯一一個拎手提包跑步的賓客，而且，我好像腿抽筋了，但是梅爾……我們的女兒……結婚了！（謝天謝地）」

【爾瑪媽媽經】

男孩和女孩，誰比較難養？

如果你想找人沒完沒了的談話，乾脆問眾家母親：「男孩和女孩，誰比較難養？」答案將視她們養的是男孩或女孩而定。

我自己則男孩、女孩都養了，所以可以回答這個問題——女孩比較難養。

養男孩，你會很清楚你的立場，你永遠都在暴風路徑上，錯不了。他們的垃圾桶上方會有果蠅盤旋，房間臭得連倉鼠都想逃出去呼吸新鮮空氣，整間臥室儼然一副早班車車站的廁所模樣。

養女孩，表面看似一切完美無缺，但要留心那些打不開的抽屜，裡面可能塞了三個月份量、穿過沒洗的內衣褲與褲襪，以及仍糾結著頭髮的橡皮筋。你進房間幫她舖床時，一定會對此大吃一驚，而且就連她的洋娃娃看起來也有驚惶不安的眼神。

有一次，一位母親寫信給我，她同意我的看法。她說：「生了三個男孩之後，我終於在第四胎生下一個女兒。最初她給人的樣子，的確是我渴望看到的甜蜜小動作。她會忸忸作態，雙手掩臉而笑，像『選美小姐』般快速眨眼。但等到十四個月大，她便開始像暴風一樣發作。當她發現從樓梯扶手滑下來這驚險舉動，再也無法讓我汗毛直豎時，她便轉而開始裸奔。我才剛幫她穿上漂亮的衣服，轉身去洗碗，但一個杯子還沒洗完，她已經把衣服脫光開門出去，到鄰居家去串門子了。有一天，洗衣店的人送衣服來，說：『我的天哪，史黛西穿了衣服我差點認不出來。』她慢慢長大後，有一天，哥哥搶了她的洋娃娃，被她用開罐器在頭上敲了一個洞。她甚至還曾當著學校校長的面罵他是『大壞蛋』。我又懷孕了，現在我每天晚上在枕頭底下放一顆足球……」

我還認識另一個母親，她說：「男孩比較誠實，每當你往樓上大聲吆喝：『剛剛那是什麼聲音？』你會聽到他回答：『喬伊把貓扔進髒衣籃了，超酷。』如果是我女兒在樓上玩洋娃娃，我大聲喊：『你們女生在忙些什麼？』她會甜甜蜜蜜地回答：『沒事。』我只好自己上樓去看，結果發現她們拿我新買的爽身粉和一瓶花五百元買的乳液在做餅乾。

「小兒科醫生勸我，對於女兒連續四個月穿同一套她最喜歡的衣服不肯換下這件事，他要我別太在意。但你怎麼可能漠視她穿著一件有荷葉邊的長洋裝，手肘已經磨到破洞，頭上還戴了一頂『漢堡王』皇冠？要是在超市聽到擴音廣播：『親愛的顧客請注意，櫃檯這裡有一名身穿粉紅色長洋裝、薄紗圍裙、鑲亮片的鞋子、頭上戴著一頂『漢堡王』皇冠的小女孩，請走失小孩的家長快來認領。』時，你該怎麼辦？最近我們又生了第三胎，又是個女生。我告訴護理人員不必送我去婦產科，直接把我送去老人科好了。我無話可說了。天知道，這是我六年來第一次無話可說。」

但無論做母親的相不相信，事實上她們經常和自己的女兒對抗。她們從女兒身上識破書本教的那一套女人詭計，因為她們自己也是過來人。這套用在丈夫身上相當有效的詭計，你女兒自然也懂得用在「把拔」身上。

女孩比男孩早熟，成長過程比男孩花的錢更多。統計結果顯示，那些曾有養兒育女經驗的父母，應該很清楚把一個女兒養大得花多少錢。

女孩早在青春期之前，花費就比男孩多，而且是這輩子直到闔眼或信用破產之前（看哪一個先），都一路維持領先。男孩是握著拳頭出生的，女孩則左手留了一絲緊拽一張美國運通卡的縫隙來到人間。

女孩只要看到「拍賣」「存貨出清」或「跳樓大拍賣」這些關鍵字，就開始分泌唾液，掌心開始出汗，腦下垂體促使她說：「媽媽，快過去瞧瞧。」男孩則全然兩樣。他的腺體長在右手臂，並且往他放皮夾的褲袋這一長條肌肉延伸，這條腺體叫「廉價」。

女孩會用力摔門、苦苦哀求、眼淚像水龍頭一樣開關自如，還會發明「你都不信任人家」這種話。人家說小孩是「糖蜜、香料、所有美好事物」的化身，我看和「蛞蝓、蝸牛、會搖的狗尾」沒什麼兩樣。

個人風格

杜蒂 ❤

杜蒂・費斯壯是個說一不二的母親，她按照自己的規矩教養孩子。在她面前，就連海軍陸戰隊的操練也相形失色。

她天生就是當母親的料。她有一雙像溫度計的手，一對能看穿門板的眼睛，隨便一瞄就能看出孩子是便祕或說謊。她還有一個萬能鼻，即使孩子把頭埋在枕頭底下，還是能從呼吸聞出她吃過巧克力。

杜蒂有六個女兒，她稱她們「六人行」。她為女兒們買一式的白襪（而且同一尺寸）和棕色的牛津鞋，姊姊穿不下了就給妹妹穿。有一次，她買了兩疋深藍色的燈心絨布，替每個女兒各做一件背心裙，剩餘的布便拿來做她們臥房內的窗簾與床罩（她的一個女兒曾說，如果你不發出聲音，別人根本不知道你在房間裡）。

假如有個女兒早餐想吃燕麥片，其他人也必須吃燕麥片。假如有個女兒出了麻疹，杜蒂也會想辦法讓其他人一次出完麻疹。如果有人弄丟了手錶，其他人都別想再有手錶。無論是廿歲或兩歲，她們的宵禁時間和零用金都一樣，聖誕禮物也一樣，無論那一年送的是洋娃娃、毛衣、相簿或吹風機。

杜蒂不來偏心那一套。

難怪她的女兒個個都早婚，她們和自己母親的作風一樣可預測，同樣墨守成規。最後，杜蒂只剩下妮基這個女兒未出嫁。三年來，妮基總是聽到這樣的話──

「我真不懂為什麼你不留你姊姊蕾絲莉那種髮型，你留那種髮型很好看，比現在這種十二歲的小男生頭好看多了。」

「潘蜜拉睡你這個房間時，她有一組非常漂亮的粉紅色床罩，我想它應該還在，我去把它找出來給你用。」

「你的老師知道你是溫蒂的妹妹嗎？那她應該認得出這件洋裝才對，這件向來是溫蒂最愛的洋裝。」

「你和你姊姊麗雅一個樣，她也不懂理財，以前每個禮拜都要求我多給她一些零用錢。」

「你和愛麗絲都鈍鈍的，不懂得看人。」

「你得加快腳步才行，你的五個姊姊都不到廿一歲就結婚了。」

妮基注定一輩子都無法當第一。她是全錄影印機繁殖出的六個樣本之一。她的婚禮也是可以預測的，和她的姊姊們如出一轍。一個式樣的新娘禮服；捧花來自同一間花店；食物來自同一家外燴公司；蛋糕來自同一家糕餅店。她從父母那裡得到的結婚禮物也和五個姊姊一樣，是一台烤麵包機和一對鵝絨枕頭。

當她在教堂後面的小房間等待時，母親哭得像個淚人兒（和她的姊姊們結婚時一樣）。她捧著妮基的臉，細聲對妮基做最後叮嚀（內容和她的姊姊們出嫁時一樣）：「做你自己，否則你永遠不會快樂。」

甜蜜負荷一輩子？

珍妮特 ❤

這是一間充滿陽剛氣息的屋子，看它的外觀，就知道裡面的馬桶座一定是掀開的。院子看起來活像飛彈基地。前門大開，到處塞滿傳單與廢棄物。有人在窗口掛了一塊招牌，上面畫六根手指，寫著「幫手出租」，另附註一行字「接受各種信用卡」。門前的車道彷彿廢車場，加上珍妮特的小汽車總共有六輛。她把四大袋日用品抱在手上，一腳踢開門。一條狗衝出來差點把她撞翻。

我的天，那隻狗在門底下拚命做出挖洞動作，難道看不出牠想出去嗎？珍妮特的視線投向廚房。

碗裡的早餐麥片已結成硬塊，奶油化成液狀，廚房裡的電話沒掛好，電視沙沙作響。她本能地將牛奶放進冰箱後走到走廊，朝著一扇臥室房門大喊：「馬克！把音量關小一點，不然你戴耳機聽。」

見他沒動靜，她的疑慮得到證實——他聽不見。音樂從他的耳朵進去，從他的鼻孔大聲哼出。珍妮特的下一站是浴室。她進入浴室後把門鎖上，瞥一眼鏡中的自己。她不是一個擦「歐蕾」乳液成功的例子。四十六歲的她頭髮逐漸像洗碗的鋼絲一樣灰白，任性地往四面八方衝出去。她身上的每一條肌肉紛紛向地心引力投降（早在她發現，自己的老骨頭硬得只碰得到從胸部到膝蓋中間這一塊，且胸部嚴重下垂幾乎快碰到膝蓋時，她便放棄了有氧運動）。

這是她這輩子最難過的一天！她的好友興高采烈，人家要參加海上航行之旅。但珍妮特卻是孕婦裝內褲（她並沒有懷孕）的鬆緊帶斷掉，牙醫也警告她的牙齦正在萎縮。總有一天，她的全身會擠成一團。當然，她的所有朋友都是這樣，但她們可沒有三個成年的兒子整天握著刀叉窩在家裡，等她每天晚上下班回家，把東西扔進微波爐煮熟後餵他們。

和她同輩的人，孩子早都離家了，要嘛與人同居，要嘛身上揹把吉他到處流浪，或生小孩，或與各種貸款搏鬥。起初，她還很得意她的孩子永遠不希望「母親節」結束。但現在她習以為常了。

門口那盞燈日以繼夜亮了三年沒熄過。

冰箱冰著喝光的牛奶盒、已經乾掉的午餐剩肉，以及空無一物的製冰盒。

他們問都不問一聲便借走她的吹風機、照相機、行李箱、汽車，和鈔票。

他們像倉鼠一樣過著晝伏夜出的生活。

他們是有著毛茸茸粗壯身體、聲音低沉、依賴心重的兒童。

她該怎麼辦？在他們需要她的時候背棄他們嗎？約翰的婚姻失敗是她的錯嗎？辛蒂與他似乎是天造地設的一對，他們有許多相似之處，兩人都熱愛冷凍披薩麵團，兩人都是左撇子，而且兩人都愛聽麗莎明妮莉唱「紐約、紐約」更甚法蘭克辛那屈。

應該沒問題才對啊！

再來是彼得。他今年廿四歲（比約翰小兩歲），眼看就要名列整個北美洲最老的在校生了。他已經連換十二次主修科目，但上個學期只有兩件事通過——人類的性能力與視力檢查。

至於馬克，珍妮特相信他的前途早已抵定，畢竟她懷胎八個月時曾被卡在旋轉門內動彈不得，對她的胎兒造成嚴重影響。馬克學會說的第一句話是「哈囉，再見」。她們的母子關係始終很差，她也不明白為什麼。有人問她有幾個孩子時，她會說：「四個，約翰、彼得、離家的馬克、在家的馬克。」

其中又以在家的馬克最讓珍妮特操心，這是她見過最難搞的孩子。沒有一件事能讓他高興，沒有人能煮出他愛吃的食物，大家都看他不順眼；他討厭自己的房間，討厭自己的衣服，討厭自己的人生。過去三年來，他的工作斷斷續續，但大部分的時間他都坐在房間裡撥弄吉他等開飯。

珍妮特穿上浴袍，對著鏡子再看一眼。能不能有哪天，喬治和她點上蠟燭吃沙拉時，他舉起一杯白葡萄酒能不說：「我的天！你聞聞看，這個杯子裝過潤絲精。」

當她轉身開水準備淋浴時，她看到了。那瓶純有機蜂蜜添加了H－D細胞的尊寵洗髮精，是她準備用來為自己創造奇蹟的洗髮精，這會兒竟瓶蓋大開橫躺著，裡面的一百八十八塊錢全都流進了排水管。

她小心翼翼地把洗髮精藏在繃帶和一盒止痛劑後面，不料還是被「他們」發現了。她將這瓶洗髮精，看得比能否為自己保養一頭豐盈性感的秀髮還重要。那是她捍衛隱私的最後一道防線，是她與那些「大熊」劃清界限、對自己的唯一寵愛！

她受夠了他們的粗枝大葉，他們每天晚上在餐桌上對食物展開攻勢時七嘴八舌的聲音，他們亂丟的發霉毛巾，和他們滾落在煞車踏板底下的網球。她受夠了——深夜聽見警笛大作而無法入睡，必須一直等到所有車子都回來為止；她受夠了——分享他們的生命和他們的煩惱。她覺得她當母親太久了，忘了自己。

她怒氣沖沖地走出浴室，用拳頭大力敲馬克的門，見裡面沒反應，她推門進去。馬克坐在床上，光著上身，頭上戴著耳機，正在撥弄吉他。

「你今天洗頭了嗎？」她問。

他搖頭。

「你說謊，我看見你那一頭蓬鬆『秀髮』了。」

「好吧，我是借了一點洗髮精，我會還你。」

「馬丁他們全家要去海上旅遊，我呢？我的內褲頭鬆緊帶斷了，我的牙齦萎縮了，你還說要還我！」

「你的牙齦從哪裡萎縮？」

「我的牙齒！」

「你又要翻舊帳了，說我的牙齒花了你多少錢，以及又要罵我之前和那個暴牙女孩約會的事。」

「我罵你是因為那個女人已經三十三歲了，而且暴牙的是她那十一歲的女兒。」

她環顧這個房間。和它長不大的主人一樣，同樣是半個孩子、半個成人的房間。馬克初中時參加摔角比賽贏得的獎盃還擺在床頭櫃上，旁邊有一封可疑的信，上面寫著「最後通知」，回函地址寫著「市立交通局法庭」。衣服扔了一地；報紙攤開披在椅子上；床底有個裝著水果冰沙的玻璃杯，裡面還有一點褐色的殘餘物。

「這個房間簡直像垃圾場！」她說，「你在裡面還能呼吸嗎？現在是六月呢，看在老天的分上，你把滑雪毛衣拿出來做什麼？」

「你何不一勞永逸叫我們搬出去？」馬克凝視她。

「你在說什麼？」

「把我們趕出去，把房子清乾淨。」

「別以為我沒想過，」她無奈地想找個地方坐下，「馬克，真的，我已經很努力做個好母親，而且是個有耐心的母親。」

「你一直是個好母親，」他說了句公道話，「那就罷手吧。」

「罷手什麼意思？」

「別再繼續忍耐和退縮了。你一輩子都在教我們要做什麼，如何做，什麼時候做。你已經盡了責任，不需要再證明什麼。現在你該畢業了，跟我們說再見，然後過你自己的生活。」

「你沒有權利跟我說這些，我受夠了你們這些孩子，從精疲力盡到憤怒到內疚，一再惡性循環。」

「你已經犧牲很久了，你還要把『年度最佳母親』金字招牌撐多久？」

「你們是這樣想的嗎？那你們為什麼不搬出去？」

母子倆坐在床上默然無語。

「你打算怎麼辦？找個工作？還是結婚？」最後，珍妮特先開口。

「你不是經常說沒有人配得上我？」

「那是早在我知道你穿內褲洗澡以前的事。」

兩人又互相對視良久。

「媽，」馬克說，「我害怕。」

「我也是。」珍妮特說著，隨手把門關上。

她的雙手在發抖，她覺得想哭，萬一她高估了擁有一頭豐盈性感秀髮、獨立自在生活的重要性呢？她挺起胸膛，「管他的，日子繼續扛著這樣過也沒什麼難的。」

【爾瑪媽媽經】

聽媽媽的話

這是一種媽媽的語言，從一個母親傳給另一個母親。愛的隻字片語數以百計，但以下列出的這些，便足夠一名母親在孩子的前十七年生命中使用，而且綽綽有餘。

善意的老生常談

這件事對我的傷害比對你還深。

等你長大以後，就會感謝我現在對你這麼嚴格。

我們等著看！

吃東西不要講話。回答我！

我這麼做是因為我愛你。

算了，我自己來。

我不想再跟你說話了。

小孩耳朵尖，大人言行多留心。

小孩子不要多嘴。

現在後悔已經來不及了。

為什麼別人說的每件事你都相信？

我會讓你哭個痛快的。

手乖乖放好，不要亂動。

關於年紀

你怎麼老是長不大？

有一天你也會老。

你不年輕了。

時間過得真快，想我在你這個年紀時……

你什麼時候才會成熟點？

等你的行為舉止像個大人，我才會把你當大人看。

在做媽的心底，你永遠是個孩子。

試圖引發罪惡感

不好好吃東西？想想那些非洲難民！

你是要把媽媽逼走嗎？

不要和狗狗一起睡，身上會被蟲咬。

你非把我逼得提早進棺材才開心是不是。

你應該高興我還能在這裡大呼小叫，哪天萬一我不吼你了……

這是我最後一次求你。

我們不是叫你不要結婚，只是希望你不要急。

你再玩火柴，小心會尿床。

看吧，誰叫你不聽話。

我不過是個平凡人。

經典的收場

要是你跌下來摔斷腿，別跑來找我。

等你自己生了小孩你就知道！

你以為我是昨天才出生的嗎？

你再不聽話，有你好受的。
看來我只好把你送去感化院了。
我哪裡做錯了？
天哪，為什麼是我？

哲學式警語

你自己做的決定，現在自食其果了吧。
我也許不瞭解你，但我願意聽你說。
做母親的注定一輩子受苦。
愚弄我一次，算我活該；愚弄我兩次，我絕不饒你。
如果你的女朋友跳河，你也跟著跳嗎？

真正的理由

莎拉 ❤

世界上有三件事最讓人詬病——治不好的背痛、沒有地圖的旅遊指南，以及不想生孩子的女性。

莎拉不想要孩子。她三十二歲，對婚姻、工作、生活都很滿意。她不滿意的是，她身邊的人似乎總要干涉她選擇不生孩子這件事。

她的母親、她的姊姊葛瑞絲（五個孩子的母親）、她的好友杜蒂，還有她的婦科醫生一直不斷提醒：「你不年輕了。」（大家都是啊）

有一天，她和母親單獨談心，莎拉又一次試著向母親解釋，自己不想生孩子的原因。

「媽，我希望你能試著瞭解。」她說，「我不是討厭孩子，我只是不想自己生小孩。葛瑞絲不像我，她天生就是當母親的料。但我就是不願意家裡到處開個小柵門，浴缸裡裝滿鴨子和小船。生孩子的人都會變，太可怕了。他們失去自己，我可不要。它就像開關一樣，突然間，你再也不是原來的你了。你會和另一個人綁在一起，把他們分開，兩個人都活不下去。

「我不要成為某個人發燒、飢餓、痛苦、失望、挫折的加長版。我的童年非常快樂，但那時我還小，不懂得感激你的辛苦與犧牲，結果你得到什麼？女兒一天到晚捧門，和一隻裡頭什麼都沒有、被你拿來存放各種食譜的木製生日禮物豬。

「媽，如果我真的生了孩子，那一定是為了配合錯誤的期待——可能是你太想當外婆，或史帝夫希望有人能繼承他的姓氏，或是我再也受不了大家為什麼一直奇怪我不想生孩子的壓力。我不覺得我自私，我也不會感到痛苦或憤怒，我只是覺得我可以選擇，而且我有權利選擇。你明白嗎？」

她的母親點頭。

第二天早上，莎拉的母親特地打電話給她的另一個女兒葛瑞絲，她說：「我想我明白為什麼你妹妹不生孩子了。」

「為什麼？」葛瑞絲的耳朵貼緊話筒。

「啊！」她的母親說，「我可不想誤解她說的話，所以我一字不漏說給你聽。她害怕！就這麼簡單。她不敢生孩子。還有，她也不喜歡家裡亂糟糟的，像是橡皮小船和小門那些的。她說得很明白，如果我想當外婆，還是找你好了，因為你喜歡那些髒兮兮的家事。而且她還說，弄不好，孩子發燒還會傳染給她。她甚至也得吃孩子剩下的食物，然後變成大胖子。你聽懂了嗎？」

「懂。」葛瑞絲說。

幾個小時後，葛瑞絲打電話給莎拉的摯友杜蒂，她說：「告訴你一件事，別太驚訝。我們不是一直不瞭解莎拉不想生孩子、不願像我們一樣過得這麼淒慘的理由嗎？哼，我媽今天早上才和她談過，她終於承認了。」

「理由是什麼？」杜蒂問。

「我媽說給我聽時，我簡直不敢相信。原來——莎拉怕身材變形！天哪，她這輩子體重從沒超過五十公斤。」

「我想我聽說過這種事，」杜蒂說，「這叫做鬆弛恐懼症，就是害怕全身肌肉會鬆弛掉到膝蓋上。」

「還有，」葛瑞絲打斷她的話，繼續說：「她說，如果家裡有人應該生一堆孩子，那個人就是我。有意思吧？她說，我家裡有一堆破門，屋子裡到處都是玩具兵和小船，可是我卻甘之如飴。她雖然沒說太多，但媽媽猜想，真正的原因是莎拉希望能得到加薪，她可不想白白放過。我一點也不驚訝，你呢？」

「我也毫不驚訝。」杜蒂說。

杜蒂的丈夫回家後，杜蒂遞給他一杯飲料，一邊說：「你一定想不到，莎拉的姊姊今天跟我說了什麼。」

「說來聽聽。」鮑伯翻開報紙，把臉埋在裡面。

「她說莎拉想要一個孩子，但他們養不起。這些年來她一直逞強，假裝她不想生。葛瑞絲說，如果莎拉可以把體重維持在五十公斤，她就能得到加薪。但我不清楚，萬一她得不到加薪他們該怎麼辦。看來史帝夫的工作岌岌可危，他們甚至沒有能力收養孩子。我不懂，他們為什麼還要買船？你有在聽我說嗎？」

「一清二楚。」鮑伯說。

幾天後，鮑伯和莎拉的父親一起打手球，鮑伯說：「恭喜啊，我聽說史帝夫和莎拉要收養一個韓國孩子，而且他的事業如果有轉機，他們就要出海去玩了。」

當天晚上，莎拉的父親對妻子說：「你最近和莎拉談過話嗎？」

「這兩天沒有。」

「我今天在健身房聽到一個奇怪的謠言，聽說莎拉要收養孩子，但史帝夫不肯。你知道這回事嗎？」

「知道。」他的妻子說。

自從母女倆上回「談心」後，又過了一個星期，莎拉的母親去探望女兒。她注視著莎拉，親吻她的臉頰，然後說：「我希望你知道，無論你對你的將來做出什麼決定，你父親和我都會百分之百支持你。現在我終於明白你為什麼會說那些話了。我們愛你。」

那天晚上，莎拉和史帝夫聊天，她說：「我還以為我媽不瞭解我說的話，看來，有時我們的確低估了母親。」

【爾瑪媽媽經】

經典母子對話——新手媽媽之教養小劇場

一、為什麼不能養寵物蛇

場景：廚房的桌上有一大盤餅乾，旁邊有一壺冰牛奶。一名母親藉著獨白展現對孩子無盡的愛。

母親：「孩子，你知道嗎？馬麻和把拔非常愛你，你想養蛇我們絕不反對，我們和你一樣喜歡動物。我們只是希望先跟你談談。

「來。吃塊餅乾。

「我們第一個關心的當然是蛇。你知道嗎，牠們無論去到什麼地方，都會被人們的偏見和無知排擠。你能忍受一屋子的小朋友在三秒鐘之內突然全部消失嗎？當然不能。你會非常傷心。何況牠們還那麼小。萬一有人手拿草地上用的耙子踩到牠們，或者不小心用大石塊壓到牠們怎們辦？那就沒救了，不是嗎？而且有時候，蛇也會讓馬麻嚇一跳。你還記得，去年後院那一條長十公尺、牙齒尖尖滴著人血、而且還懷著蛇寶寶、會用萬能鑰匙開門的那條蛇嗎？

「你記憶中的牠也許沒那麼大隻，但馬麻可不會忘記。來，再吃一塊餅乾。

「你很難訓練寵物蛇在紙上大小便，而且這隻可憐的小東西想出去散步、或想去購物中心玩，也無法叫出聲音來，牠甚至不會追球也不會喘氣。孩子，我們和你一樣喜歡蛇，但我們不想剝奪牠過正常生活的權利，你懂我的意思嗎？你不覺得，牠也會想要約會、成家立業，做那些被關在玻璃罐裡永遠也無法做的事嗎？

「孩子，喜歡餅乾儘量拿去吃。

「我真希望這些爬蟲類的形象能更好一點。你我都知道，牠們怕我們就像我們怕牠們一樣。我的意思是，我們雖然沒見過蛇在草叢中看到人類會呼吸急促、立刻昏死過去，但這並不表示牠們沒有感覺。那麼，就這樣說定囉。你去告訴〇〇〇（兒子的玩伴），謝謝他對你那麼好，要把蛇送給你，但蛇也需要一個安定的家庭。

「我只知道，我們是個安定的家庭。孩子，我要你去告訴他，要是那條蛇進了這個家，你媽就離家出走永遠不回來！」

二、試圖阻止女兒穿耳洞

場景：母親坐在舞台中央閱讀《美齒雜誌》，並且在空白處做眉批。女兒從舞台左側走進來。

女兒：「媽，我想穿耳洞，你覺得呢？」

母親（放下雜誌）：「我的感覺是，身體是你自己的，女孩子想被人用冰鑽在耳垂鑽洞，那是她的事。現在早就不是八百年前的古板時代了，孩子。現在是〇〇〇〇年（說出確切年份），每個女人都有權利自己做決定。但是你想穿耳洞，除非我先死！我一天到晚餵你吃維他命讓你長高，可不是為了讓某個隨隨便便的人在我唯一的女兒身上，亂動蒙古大夫的手術。

「我猜一定是〇〇〇（女兒的好友）想穿耳洞。我知道她是你的好朋友。你不喜歡我這樣說，但她似乎在你身上下了咒。不要誤會我的意思。她是個好女孩，我只是不喜歡你——和一個摸過小狗之後沒洗手就抓口香糖嚼的女孩一起去穿耳洞。有了這一次，下次她又會叫你去刺青。我告訴你，那個〇〇〇（胡謅一個名字）穿了耳洞後得了腦震盪，永遠好不了了。她是在〇〇百貨公司穿耳洞，然後昏過去，頭去撞到試穿鞋子的矮凳。

「你愛怎樣就怎樣吧，反正我再活也沒幾年了。」

三、你知道現在幾點了嗎？

場景：母親獨自坐在舞台上，電視機閃著已收播的靜止畫面。她旁邊的小茶几放了一個大鐘。她的兒子進門時，她面向門口。

母親：「我不想知道你去了哪裡，做了什麼事，或者和什麼人在一起。很晚了，明天再說。」

（母親關掉電視和燈光，只留一盞小燈。）

兒子：「你真的以為不問，就什麼事也沒有嗎？」

母親：「那就別騙我！我寧可你去睡覺什麼都不說，也不要聽你站在那裡說汽油沒了、或車子壞了什麼的藉口。我現在不想談，否則說出的話一定會讓我感到後悔。去睡吧。」

（母親和兒子一起走到樓梯口／走廊，突然轉身擋住去路。）

母親：「你知不知道一個母親枯等了七個小時的心情有多焦慮！我心裡不斷禱告，希望你不會發生意外、得了失憶症，直到救護車從外面開過去，你的狗大聲狂吠，這才喚醒你的記憶？我不敢相信，你竟敢毫髮無傷地走進來，然後期盼我能諒解你。」

母親：「拜託，不要說了，我累了。」

（母親關燈，跟著他上樓。）

母親：「你知道最難過的是什麼嗎？我在那張椅子上足足坐了七個鐘頭，坐到我都想吐了。你一點禮貌也不懂，為什麼不打電話回來說一聲：『我很好，你先睡吧。』就算你不想跟我說話，至少也可以找個人幫你做這件事。你是不是想說：『我又沒有叫你等。』你最好翅膀硬了敢這麼說。你以為我身上有個小開關嗎？高興的時候打開，清晨五點的時候就關？」

（浴室的門「砰」一聲關上，她站在門外。）

母親：「我真的不懂你。我要去睡了。醫生說我每天晚上至少要睡滿八個小時。說得倒容易。他又沒有一個不知感恩的兒子，也從來不曾枯坐七個小時，猜想這母子二人清晨五點鐘不睡覺在搞什麼鬼。」

（浴室的門開了，兒子走進他的臥室，把門關上。）

母親：「我知道，你要我聽你瞎掰那一大串理由（如果真的有）。我是覺得，天亮之後我們才會比較理性一點。如果你想跟我道歉，我可以先把那鍋墨西哥辣肉醬熱一熱……」

四、你還想跟我借〇〇〇？

場景：母親忙著做家事，孩子在旁邊晃來晃去。這名母親顯然處於主導的優勢地位。

母親：「我知道那是什麼表情，你站在那裡就是想跟我借東西，對不對？如果想跟我借吹風機，那你早就已經拿走了，除非它自己長腳又跑回我的浴室。我不是個自私的人，你知道的，只要你還回來時和我借給你時沒有兩樣，我就會借給你。

「再說我的行李箱吧，說真的，你上次到底在裡面裝了什麼？廢鐵嗎？箱子都變形了。還有我的照相機，自從你把相機掉在沙灘上之後它就毀了，拍出來的照片每張看起來都像拼圖。還記得你三年前跟我借的網球拍吧？你始終沒把你弄破的地方補好，不過幸好我從來拍不到中間那個位置。

（千萬要忍住，此時不宜搬出：「我不是個自私的人。」）

「如果你懂得愛惜物品，我並不介意把東西借給你。我想，我不必提醒你那件高檔的白上衣吧，你是怎麼向我保證不會流汗弄髒它，結果還是弄髒了。現在，我唯一能穿它的場合就是參加告別式，只有那個場合絕對用不著把手舉起來。孩子麻煩就麻煩在，他們借走人家的東西，卻又不懂得珍惜、不懂得尊重它。你還記得上次跟我借了車，之後還給我時是什麼情形嗎？後座堆滿了垃圾，輪胎上覆蓋一圈污泥，方向盤沾著番茄醬；而且我雖然還沒找到證據，但我知道你一定亂踩離合器。

「你還想跟我借○○？給我坐下！讓我告訴你，我為什麼『不借』。」

五、別假裝什麼都不知道，你明明知道！（※進階篇：資深媽媽專用※）

場景：任何場地都可以。母親的臉上戴著面具，看不出表情，也沒有反應（這一點很重要），絕不能讓孩子知道你到底想說什麼，一定要和他打高空。孩子如果做出摔門、把盤子扔在桌上、踹狗等動作，對你越有利。

母親：「哼，我希望這下你滿意了。又跟我來這一套。別假裝你什麼都不知道，你明明知道。你到底要等到什麼時候才告訴我？你想過要先問問我嗎？每次都故意裝傻，裝作一副沒事的樣子。你明明知道這件事會影響○○○○（指任何人／事／物都可以）。而且你這是再犯。

「我很想跟你說沒關係，但事實上——很有關係。現在後悔已經來不及了，你也不要跟我玩『裝無辜』那一套。你很清楚我在說什麼，這已經不是你第一次讓我失望了，我相信也不會是最後一次。如果你願意說，我在這裡洗耳恭聽。如果你不想說，那就算了。

「我很希望聽到你說保證不再犯，但我知道你倔強得很，所以……算了。你要我給你一點提示，好讓你知道我在說什麼？開什麼玩笑。你是說，你站在這裡，毫無頭緒不知道我為什麼生氣？夠了，我聽夠了。

「好，我就跟你玩把戲。禮拜二！這個提示夠了吧？你應該去當演員才對，我現在看的是奧斯卡獎水準的表演。你儘管睜大眼睛繼續裝傻，我才不相信你不知道我在說什麼。我再說一遍，而且只說這一遍。要是你下次再犯，你要面對的就不只是我了。

「你有什麼話要說嗎？要道歉？要保證？你知道嗎，我真的不懂你在想什麼。」

我最愛你

茱麗 ❤

如果死的不是茱麗，她一定會喜歡這場喪禮。

牧師搜索枯腸想找出一個譬喻來安慰死者的家人。他對茱麗那坐在最前排椅子、神情木然的三個兒子說：「想像你們的母親，靈魂離開肉體，軀殼還在，但意識已永遠離開。」風琴手忘了帶樂譜，她唯一記得的一首歌是電影《相見時難別亦難》主題曲——「甜酒與玫瑰的歲月」。

茱麗的次子史帝夫接到消息後，立刻從學校搭機返鄉，他腳上穿了一雙紅、白、藍三色的「愛迪達」運動鞋，鞋面還有幾顆會在黑暗中閃爍的星星圖樣，而他身上穿的卻是一套三件式的棕色西裝。

你很難相信茱麗才四十八歲就撒手人寰，她罹患了癌症，而且是病情會迅速惡化那種。

茱麗的長子查克接到外婆來電告知噩耗時，他正待在公寓裡，在這之前他只聽說母親「最近有點累」。茱麗以這個「電視大亨」兒子為榮，但他其實只是個情境電視喜劇影集的道具管理員，不過他拿的是電影學位，說的是電影語言。母子倆每次見面，他總忍不住炫耀：「媽，你最近看了哪些電影？」

茱麗：「《馬普爾小姐的誘惑》，我很喜歡裡面……」

查克：「這部電影沒內涵。」

茱麗：「啊，一點也沒錯。我真正喜歡的當然是《血腥、性與暴力三部曲》，真是讓人屏息的一部……」

查克：「史塔金是有想法，可惜沒能好好表現。」

茱麗：「沒錯，是很沉悶。對了，我覺得《黏液》這部片還真噁……」

查克：「那是一部美麗而有藝術感的電影。」

茱麗：「的確，雖然超噁心的，但值回票價。」

自己怎麼會這麼蠢？現在道歉已經來不及了。他沒有權利貶損她。查克從口袋掏出母親的親筆信，慢慢把信封拆開。這是她寫給他的最後一封信，他小心翼翼地翻開信紙，彷彿準備細細品味。

我最親愛的查克：

這封信是特別寫給你的，我要你知道，幾個孩子當中我最愛你。

或許是因為你是我腹中孕育的第一個奇蹟，是我在人間永存不朽的第一個象徵。你參與了這個家早年的貧苦歲月，但你的降臨為貧窮帶來歡笑，為寒冷帶來溫暖，為失敗帶來成功。

你是最初、最有原創性的一個，在你出生之後，即便其他孩子接二連三降臨，他們吹的泡泡也許更大，打嗝聲也許更響，也許更早學會說話，走得更快，或更早學會坐馬桶，但你永遠是第一。

也許因為我們是新手父母，不懂怎麼使用別針、不懂怎麼為你洗澡、對你過度保護……而使你吃了不少苦頭，但你得到的卻最多。你得到我們的耐心、我們的體力，以及我們的青春。

你得到我們最多的付出，我們的努力奮鬥，和我們的成功。為了你，我們多吃了很多漢堡。為了你，我們看電影時必須多為你準備一些奶瓶。為了你，新手爺爺、奶奶還會故意把你從睡夢中叫醒，再搖你入睡。為了你，我們拍了六大冊的嬰兒照片，還買了一套百科全書。為了你脹氣疼痛，我們打電話給醫生。為了你，我們買了許多嬰兒食品。

你是第一個，你是我們的盼望，我們的愛。

媽媽

史帝夫過來在他旁邊坐下時，查克趕緊把信收起來。

「你買這雙鞋時，老闆有沒有附送你一把折疊小刀？」他對史帝夫腳上的紅、白、藍三色慢跑鞋說道。

「沒有，只送了一個飛盤。」

史帝夫深呼吸，看看四周，但就是不敢看查克。自從他讀了母親寄給他的信之後，就一直不敢正眼看查克。他沒想到母親對自己會有那種情感，更不明白為什麼

史帝夫是個特立獨行的人。他每次做錯事，母親總是把他拉到一旁，說他們瞭解他。事實上他們並不瞭解，並非真的瞭解。幾年前，他們帶著弟弟提姆去學校探望查克，順便在那兒度週末，留下他一個人照顧房子。事後，她為什麼不像別的母親那樣大發雷霆？相反地，在他們回家、發現一切的那晚，她說：「要不要告訴我發生了什麼事？」

「你為什麼會認為有事發生？」他問。

「我猜的。因為有三十個鄰居穿著睡衣站在外面，看著停在我們家院子的三輛警車，和那隻身上穿著我內褲的小狗。」

「我開了派對。」

「根據警方的報告，你違反第『七四六』條。」

「什麼是第『七四六』條？」

「我唸給你聽。『未經許可擅自封街遊行；車棚內違規放置兩座流動廁所；違反他人意願留置一位副校長；在一般住宅內違規聚集一百五十個人。』

自己為什麼這麼愚蠢？只要說聲「對不起」，她就會原諒他了，但他就是說不出口。現在他再也沒機會了。史帝夫摸摸那封信，它還在他的口袋裡。他想不通，她怎麼會這麼瞭解他？

我最親愛的史帝夫：

你也許會懷疑，但我還是要說，幾個孩子當中我最愛你。

你是家中最愛搞怪的人，但你不但沒有墮落，反而成為最堅強的一個。我多麼欣賞你的火爆脾氣、你的獨立、你的急性子。你穿哥哥的舊衣服，玩他的舊玩具，一輩子沒享受過第一次，但你仍然挺拔卓越。

你是我們最放心、也最喜歡的孩子。你讓我們知道，狗狗可以和你親嘴，而你並不會因此生病死掉。假使不睡午覺，你也不會生病。即便你吸奶嘴吸到兩歲，你的嘴巴也不會因此變成豬嘴。

你出生時，正值我們最忙碌、最有事業拚勁的那些年，那是個令人混淆事情優先順序與價值觀的時代。是你提醒了我們，在我們迷失時將我們拉回正軌。

你奪走了哥哥的獨子地位。你八個月大時，我們總吃義大利麵和肉丸。你是我們戶頭裡那慘澹的十一塊錢餘額。你和我們一起過生日。你令我們想起為帳單爭執的歲月。你令我們知道自己買不起一棟新房子。你是我們星期六晚上都窩在家不出門的理由。你趕走我們的疲憊，使我們不無聊，你用旺盛的精力鼓舞了我們。

你使我們堅定不移，你一直是我們的愛。

媽媽

提姆望著和他一起坐在教堂長椅上的兩個哥哥。他身上的西裝太繃，十四歲正值青春期的他很快就要穿不下他的衣服了。

他為兩個哥哥難過。他們錯過了與母親相處的時光，而這些點點滴滴只有他知道。他們住在家裡時，她付出，他們接受；但最後這一年，提姆付出，她心有餘力不足，只有接受。謝天謝地，他總算在最後這一年彌補了過去曾帶給她的憂傷。

他一直痛恨被當作「小寶寶」，他也痛恨被拿來和哥哥們比較，他更痛恨一個人的寂寞、父母的過度保護，以及這「次等家庭」。這個家，父母親三餐都在節食，而且每天只看動物紀錄片。他唯一能吃到甜食的時刻是兩個哥哥回家時，然後整天聽著「我們一家又團圓了！」這種話。他們當他是什麼，一台無知無覺的電腦嗎？

他的哥哥們卻擁有一切。以前的爸爸會在晚飯過後陪他們玩球。兩個哥哥的十歲生日，外婆都送了電子錶當禮物，可是後來她已不再比照辦理。不過媽媽總是太忙，沒空幫他們將棒球卡按字母分類歸檔。

但過去這一年，爸媽總算消解了他心底的所有不滿。母親在一封寫給他的信中表達無遺。

我最親愛的提姆：

一個做母親的不應該偏心，但我一直最愛你。

正當你父親和我以為自己不再年輕時，你出生了，提醒我們還要繼續付出。你使我們的髮色變深，使我們加快腳步，挺起胸膛，修補視力，重拾我們的幽默。

你給了我們又一次的機會，得以享受上帝賜與的奇蹟。

你成長得好快（或許是因為我們不願相信歲月如梭）。你繼承了——斷掉的棒球棒、壞掉的玩具火車、一整個冰箱的優格、我們的中年危機，以及一本屬於你但什麼都沒記錄、只寫了「烤蘋果酥」食譜的寶寶成長手冊。

你也被迫繼承了一件做父母的想都沒想過的事——我們的死亡。

因為你，我們拋棄了所有規則，重新體驗養兒育女的樂趣。就好像第一次當父母一樣，那種愛是筆墨難以形容的。

我愛你擁有三十五歲的耐心、九十歲的同理心、五十歲的實事求是。但大多數時候，我愛這個十四歲的少年，那份青澀的驕傲。

你超越一切。我愛你。

媽媽

當「甜酒與玫瑰的歲月」曲子旋律漸漸淡去時，兩名婦人從教堂的後方悄悄離去。

「看到那幾個年輕的孩子沒了母親，真叫人難過，不是嗎？」

「聽說醫院的帳單把他們拖垮了，她沒留給那些孩子任何東西。」另一位婦人湊過去小聲地說。

【爾瑪媽媽經】

毛髮戰爭

大約每隔幾百年，地球就會產生變動，進入另一個週期。我雖沒遇上石器時代、冰河時期、冰川時期，倒是在「長髮時代」躬逢其盛。那是最好的時代，也是最壞的時代。

我和大多數母親一樣，一輩子都致力於對抗我兒子的頭髮長度。

他每天下樓吃早餐時都會說聲：「早安。」

我便回答：「頭髮該剪了。要一個蛋還是兩個蛋？」

我們上教會時，神父鼓勵大家要「互相表示一點善意」，我便轉向兒子，帶著虔誠的微笑說：「該剪頭髮了，怪胎。」

我們的話題永遠離不開頭髮。我們會為理髮店和多久剪一次頭髮而起爭執。我們也為這些事爭論不休——洗髮精的價格、留長頭髮很浪費洗澡的熱水、化糞池會壞掉都是因為他的毛髮堵塞，以及假如他一定要把自己弄得不男不女，當初我早該一手掐……。

他會在理完頭髮後告訴我，理髮師幫他剪了一個嬉皮風的髮型。
「我看還比較像『金剛剪』。」
「什麼是『金剛剪』？」
「就是只不過稍稍修一下手毛腳毛而已。」
「你很難討好耶。」他大聲嚷。
「才怪！」我也嚷回去。
我總認為我是對的。我告訴他：「頭髮可以留長，可以邋遢，可以髒兮兮。它也可以編成長辮子在頭頂上繞五圈，或綁成一束馬尾掛在屁股上……前提是，只要這是別人的兒子，我都可以接受。」
我講得越多，他的頭髮就留得越長，我們的關係也越來越脆弱。
在那十二年的歲月裡，我沒有一次放過他的頭髮，沒有一次停止碎唸抱怨他這兒子如何令我失望透頂。
然後有一天，他走進廚房，問道：「晚餐幾點吃？」
一如往常，我下意識地回答：「六點半開飯，你還有時間去理個髮。」
他說：「好。」

我差點沒昏倒。

他回來了，這會兒頭髮修剪得整整齊齊，連耳朵也露了出來。我們尷尬地相視而笑，有如初次約會的陌生人。

「喲，這是怎麼回事？」我問。

「沒什麼，」他結結巴巴地說，「你覺得如何？」

我從沒想過我們的母子關係竟多半建立在——「你那一頭掃把頭到底要洗多久？」「你最近哪來的錢買洗髮精？」「你知道匈奴王阿提拉也留過這種髮型嗎？」這類親密話題上。

我們之間沒有任何默契，他的頭髮是唯一牽繫我們母子感情的東西，也是我們唯一共有的溝通語言。我開始回憶過去的美好時光——

那次從印第安那州蓋瑞市一路玩到猶他州鹽湖城的假期裡，我們一直嘲笑他的頭髮。唉，時間真的飛逝而過。

我又想起我告訴過兒子，曾幫他報名「鋼絲秀髮佳麗」大賽，結果他當選了。

喔，當然我也試過一些新話題像是——「你這孩子生活習慣真差，髒死了！」「哪有人長到那麼大還滿地彎腰撿毛巾的。」「垃圾食物吃太多，等會兒你會吃不下晚餐。」可是，感覺就是不同。我們之間已喪失美好的敵意，那是做父母維繫親子情感不可少的東西。

然後有一天，他從學校返家，我的眼睛一亮。

「你嘴巴四周和下巴那一圈噁心的毛是啥？」

「我在留鬍子。」他說。

「不准你坐在我的餐桌上。我不敢相信那是我以前每天花好幾個鐘頭擦口水和燕麥片的同一副下巴。你為什麼要這樣虐待你老媽？」

「我會修剪。」

「那好，你帶一個留鬍子的男人回來給我，我也禮尚往來還你一頓應得的午餐。嗯……披薩怎麼樣。」

「你不知道嗎，世界上一些有影響力的男人都留鬍子，好比摩西、耶穌，還有性格演員畢雷諾斯。」

「是啊是啊，你忘了還有亨利八世、列寧、撒旦。我老實告訴你，你看起來活像《白雪公主》裡面的小矮人。」

「哎呀，你不懂啦！」他一邊說，一邊摔門而去。

至少，這場「鬍子戰爭」可以讓我們母子吵吵鬧鬧過完聖誕假期。

再壞我都愛

匿名母親 ♥

——紐約上城一位媽媽的來信（毫無疑問，她屬於本書）

親愛的爾瑪：

感覺上你彷彿是我的摯友，唯一讓我驚訝的是——我發現我長得比你高。

我有些話想對你說，即便我自知這一切的一切其實無解。我只想讓你知道我們是存在的，我們也是人，我們也會因難以啟齒的無助而痛心。

我屬於一個不知道算不算數的族群。我們沒有組織，沒有聚會，沒有發言人；彼此之間也互不相識，每個人都像躲在暗室角落的老鼠和蟑螂。我們甚至和鄰居沒有兩樣，我們的外表、談吐、行動全都一模一樣，然而一旦有人知道我們的祕密，就會立刻視我們如痲瘋病人，避之唯恐不及。

我們是——罪犯的父母，但我們也愛自己的孩子，並且曾經試著以所知道最好的方式撫養他們。每當從報章雜誌讀到那些電影明星或政壇人士的孩子被逮捕的消息，總能帶來一絲安慰。它讓人明白，我們的痛苦不是窮人才會有。研究結果顯示，有錢人的孩子比較可能在受到警方一番告誡後，便責付家長管教，而窮人的孩子卻只能被送進監獄。

我們會去探監。母親節、聖誕節，孩子不能回來看我們，我們只好去看他們。我們之中有些人無法承受這種苦，於是毅然切斷這份痛苦的愛，放棄了孩子。有些家長的確不探監、不寫信、不承認他們生養的那個生命。我還沒放棄我的孩子，可是法庭已經放棄了。我還是會哭，還是會苦苦哀求，還是會鼓起勇氣祈禱；而且我仍然愛他。

我搜索枯腸，到底在什麼地方忽略了他？我兒子以前是個做事有計畫、人人喜愛、多才多藝，非常符合我期待的孩子。我花很多時間陪伴他，為他朗讀故事書，帶他去散步，陪他玩捉迷藏，教他放風箏。從他四歲開始，每個星期天我都帶他上教堂。他在學校循規蹈矩，老師們都喜歡他。他有很多朋友，他們總是一起打球或釣魚，從事一些再尋常不過的孩子活動。他還打進世界少棒賽，每一場球賽我都去看，為他加油，他甚至獲選為明星球員。他是個再正常不過的孩子。

他獨一無二，他是我唯一的兒子，而且這樣的孩子所在多有，罪犯也曾擁有正常的童年。我們夫妻倆以及其他孩子的父母都在努力過正常生活，但我們的孩子卻被家族成員、被社會所放逐（小心，犯罪病會傳染）。

明天是母親節。我兒子正在逃避警方追緝。我從未叫他這麼做，我絕不縱容這種行為，也不試圖為他的所作所為找理由。但我依然愛他，這種愛讓我心痛。

我希望，你能在心中找到一個角落接納我們，我們愛這些社會所不容的孩子。我想你一定能諒解為什麼我不能署名。謝謝你讓我抒發胸中的塊壘。

附言：我知道，你能明白這絕非一封無中生有的信，我是真實的，雖然我但願我不是。祝你母親節快樂。

一個母親　敬上

【爾瑪媽媽經】

母親節的早餐

你可以以愛之名在床上做許多事……但這些都比不上母親節在床上享用早餐的傳統。

在美國，母親節這一天，全國的母親都會被推回床上，她們種植的天堂鳥（每隔一年盛開一次，為期十五分鐘）被剪下來插在玻璃杯內，各種奇奇怪怪的食物從廚房端出來，目的是──讓人眼睛為之一亮。

食物攪拌器瘋狂地響著，然後忽然停下來，一個聲音大聲說：「我就知道。」狗開始吠叫，另一個聲音說：「把牠的腳掌移開，這是給媽吃的！」

幾分鐘後有人喊道：「爸，辣椒醬在哪裡？」

接著又傳來：「不要把血滴在老媽的早餐上！」

再來就是模糊的開門關門聲音、水流的聲音、急促的腳步聲。

最後一個聲響：「是你開的火，你自己關掉啦！」

早餐相當標準——一杯果汁、五片只要輕輕一吹就會斷成兩截的焦黑培根、一堆足夠餵飽一師海軍陸戰隊的煎蛋，以及四片冰冷的土司麵包。他們在床邊排成一列看著你吃，不時問你為什麼不喝果汁，或吃一口用多顆黑橄欖拼出一個「媽」字的甜瓜。

當天晚上你會發現，與其把廚房清乾淨不如換個新房子還比較快；之後，你回到床上，又在毛毯底下發現一顆疑似是黑色軟糖、或是你腳底的疣，或者是其中一顆用來拼成「媽」字的黑橄欖。

如果你夠明智，你一定會回憶這一天——你的孩子主動對你付出，而非接受。他們為你獻上最真摯的諂媚，模仿你為他們所做的一切。超越任何人所能付出的最好禮物，你的孩子獻給你的禮物是——他們自己。

往後還會有其他的母親節，以及許多讓你驚喜的禮物，但這都比不上有那麼一個母親節，你的孩子曾在廚房裡小聲低語：「不要把血滴在老媽的早餐上！」

黃金時段媽媽

七位電視裡的媽媽 ❤

唐娜、哈麗葉、芭芭拉、雪莉、瑪喬麗、珍、芙羅蘭絲這七位電視連續劇裡的媽媽，共計有廿二個孩子、六個丈夫，以及三個傭人。在一九五〇、六〇年代期間，她們是美國境內的媽媽典範。

她們做家事的妝容與打扮，永遠比我們自己結婚當天更華麗。

她們永遠不會發脾氣、變胖、亂花錢，不著痕跡地誤導觀眾以為她們過著清心寡慾的節制生活。

她們不曾刷洗浴缸，也不曾被蟑螂嚇過，從不大呼小叫，也沒人知道她們的家人在早晨出門後至傍晚回家的這段時間，她們都做些什麼。

每個星期你都可以看到一個奇蹟——這七位女性在生產過後身材依舊苗條動人。她們的共同美德是耐心。她們無論遭遇何等重大傷痛，永遠都能憑藉牛奶和餅乾療癒；而且遇到問題時，一定能在廿四分鐘的劇情，外加四分鐘廣告、兩分鐘片頭片尾的時間內解決。

我常想，假如這幾位個性迥異的媽媽，碰上她們的孩子在學校把同學逼到廁所角落、搶走人家零用錢的這種霸凌行為，不知她們會有什麼反應。但我敢肯定——

唐娜一定會召開家庭會議。

芭芭拉一定會一如往常站在門口迎接華德下班回家，然後說：「開飯囉。」

雪莉一定會沒收孩子的鼓，一個星期不准他打鼓。

瑪喬麗一定會換擦其他顏色的指甲油。

哈麗葉一定會派老公奧齊出去買冰淇淋。

珍一定會請那個被搶錢的孩子吃飯。

芙羅蘭絲一定會要她的傭人多烤幾個布朗尼蛋糕。

那是一個屬於上帝、母親、國旗、蘋果派的時代，只要穿上一條圍裙，你就可以成為母親。但沒有人能比「黃金時段媽媽」表現得更好，我自己就是「非黃金時段媽媽」的成千上萬母親之一。

我不會整天在家裡穿著絲襪，我認識的媽媽們也不會。

我的孩子絕對是「黃金時段媽媽」禁止她們孩子接近的那種小孩，以免惹禍上身。

我也不曾用熨斗熨平我丈夫的睡衣。

我要是突然高舉手臂，試圖撥開落在孩子眼睛上的頭髮，他們一定會嚇得後退好幾步。

我們都知道「黃金時段媽媽」太完美、太不真實。但是，上帝啊，我們是多麼想成為她們。

我曾對珍產生過惡搞的想像。

想像她也有「諸事不順」的一天，你知道的，就是那種徬徨而無所適從的時刻。大女兒貝蒂借走她在聖誕節新買的毛衣，卻因流汗而沾污了毛衣；珍在兒子巴德的床墊下發現一本裸女月曆；而小女兒凱西已經三天不和她說話了。珍的母親多事地勸她：「你應該嚴格管教那些孩子。」然後她又發現，化糞池四周的地面在滲水。銀行打電話來，叫她開一張支票彌補一筆透支。洗衣店打電話來，說吉姆最愛的休閒外套，那兩片手肘補丁貼片掉了。還有，不知道是誰在她家的圍籬噴上猥褻的字眼。最後，珍站在亂糟糟的屋內罵了一句粗話後，崩潰。

這個想像多少讓我感到心安。

無論這些電視上的母親各自展現何種形象，無不在傳達一個訊息——她們正在做一件重要的事，她們是維繫家庭的核心，而且一個星期只要花三十分鐘。

這也是所有「非黃金時段媽媽」的母親們，於六〇年代末期普遍發出的質疑。她們對漫長的持家生活感到質疑，做為「全職」家庭主婦，她們可沒有任何職業津貼。典型的「重心繞著全家打轉，不知為何而忙」症候群，但當時，還沒有任何媽媽勇於正視自己「每天過的是什麼樣的日子」。這種對現狀不滿的心情，剛開始是小漣漪，後來終於在七〇年代匯聚成流。到了八〇年代，約有百分之五十二的母親出去上班，並且出現一股反對此風的勢力。

至於唐娜、芭芭拉、雪莉、哈麗葉、瑪喬麗、珍、芙羅蘭絲這七位不可思議的媽媽，她們的結局是？她們終於在現實的浪潮底下滅頂，消失了。

喔，不過她們偶爾還是會在下午的重播時段露面。少數沒上班的母親會在這個時段看到她們，但那些坐在電視機前吃著披薩的鑰匙兒童看了，一定會覺得奇怪——「這些身穿圍裙、面帶微笑倒牛奶的恐龍，到底是何許人。」

諷刺的是，儘管這些電視連續劇裡面的媽媽過分完美，我卻懷念她們。而且我有點羨慕她們，因為她們似乎都對自己的生活感到知足。

我問自己為什麼。

也許因為她們都是領有高薪的母親，而且每季只需演出廿六集。也許因為她們每個星期只要照顧孩子三十分鐘，下了戲後，就各自回到自己的生活。也許因為她們只要把棘手的一幕詮釋得很精采，就能得到一點掌聲。或者，也許是……也許是因為她們不必面對早晨家人出門後至傍晚回家這段時間內的生活。

黃金時段媽媽。
淡出。
下台一鞠躬。
那個時代結束了。

【爾瑪媽媽經】

廿六項懺悔

ㄅ 不是自己烤一個、而是直接從店裡買蛋糕回家，慶祝兒子的一歲生日。

ㄆ 拋棄孩子與責任，把他們孤零零地交給費用八千元的保母、價值十四萬八千元的電視娛樂設施、一台裝滿食物的冰箱，以及總值兩萬四千元的玩具，而你卻和丈夫遠赴外地參加一場喪禮，且玩得很高興。

ㄇ 明知道鞋變小而腳長大，仍然硬要兒子穿上他去年的靴子，不管勢必得動手術才能脫下來。

ㄈ 發動車子引擎後才發現，剛剛把購物車推出商店，忘了寶寶還在另一台購物車上。

ㄉ 躲在浴室裡，任憑孩子們在屋內喊破喉嚨找你。

ㄊ 偷偷把Godiva巧克力藏在茶罐中，卻對孩子說沒必要吃高檔巧克力。

ㄋ 你答應要幫家中摔斷手臂的孩子送報，卻把那不過三份的報紙扔進水溝。

ㄉ 老是惦記著母親節這一天。

ㄍ 觀賞女兒的學校戲劇演出卻打呵欠，而且她飾演的是要角（嗯……重要的配角）。

ㄎ 看著女兒刷信用卡過日子，你卻拒絕援助她。

ㄏ 孩子在一本書裡發現你以前的成績單，你威脅他不能說出去，否則就把他送走。

ㄐ 將廉價洗髮精，倒入孩子一直以來專用的昂貴天然草本洗髮精空瓶。

ㄑ 切除子宮後從醫院回家，對孩子們道歉沒帶禮物給他們。

ㄒ 向孩子自圓其說，何以他的寶寶成長手冊只記錄了——他的腳印、一首詩，還有一份「胡蘿蔔蛋糕」食譜。

ㄓ 知道孩子吞下肚的鎳幣是一枚收藏家珍品後，才急忙帶他去照X光。

ㄕ 說什麼也不把車借給自己的孩子。

ㄖ 讓孩子知道只要妥善保存換下的乳牙，牙仙就會來以錢「易」牙，但最後你卻在孩子的枕頭底下，開了一張金額僅六十元的遠期支票。

ㄗ 縱容自己午休，當孩子們發現你臉上的睡痕時，辯解說是出疹子。

ㄘ 從馬桶沖掉一隻壁虎，卻告訴孩子「牠接到一通告知家裡出了事的電話」。

ㄙ 隨便在有遠視的兒子襯衫口袋上縫個老鼠圖案，卻告訴他那是鱷魚牌的鱷魚。

ㄧ 因為女兒遺傳你的自然捲頭髮、兒子遺傳你的個子矮小而怨天尤人。

ㄨ 為了幫兒子做功課而吵架，但你替他做了以後，卻只得到個「大丙」。

ㄩ 用熱水清洗女兒花了一千六百元買的羊毛衣。

ㄚ 啊，偏偏不相信那個把自己關在浴室內的孩子說「沒在做什麼」，特地找來一根冰鑽，把門鎖撬開，發現他——果然沒做什麼壞事。

ㄢ 安撫（大鬧脾氣的）兒子學校老師，故作懊惱地說道：「我真的不懂，他在家裡從來不會這樣啊！」

ㄦ 兒子的布告欄貼著色情海報，你特地在派對開始前，改換上一張數學夏令營的宣傳海報。

太完美太疏離

瑪麗 ❤

四個人盯著午餐會菜單一語不發地看了十五分鐘。

這是個等待的遊戲，看誰先開口。愛麗絲率先打破沉默。「有誰要吃鬆餅？」

這問題還真可笑，有哪個正常人來到亞特蘭大的尼曼馬可仕百貨公司下午茶餐廳，會不點鬆餅的？

「我不知道，」瑪麗說，「我在減肥，不過今天難得聚會，也許我可以吃一點。」

「你們還是照慣例叫兩份嗎？」女服務生略顯不耐，把身體重心移到另一隻腳。

四個人都點頭。

她們來這裡聚會前後有多少年了？過去這十二年（嗯，或十五）年來，她們每年聚會兩次，一次是六月三日傑佛遜・戴維斯[1]的誕辰，另一次是一月十日羅伯特・李[2]的誕辰。過去十五年發生了許多事。她們的髮根從黑色變為灰色後又回到黑色；她們的孩子離家獨立去結婚又回家裡來；她們的丈夫從職場退休後回到家中；她們的車子從換檔不順的休旅車變成換檔不順的小房車。

「要再點一杯雪利酒嗎？」女侍者問。
「有何不可？」夏綠蒂說，「畢竟也算是節日。」
「你們有誰知道艾芙琳・勞雷的事？」愛麗絲問。
「她的什麼事？」碧碧問。
「她做了一連串非常恐怖的過敏檢驗，結果發現，她對人造麂皮過敏。」
四個人不約而同倒抽一口氣。
「要是我，我會再做第二次檢查。」碧碧說。
「真不幸，」夏綠蒂說，「沒有別的辦法嗎？」
「沒有，」愛麗絲嘆口氣，「最糟的是，她不肯出門，她覺得大家都在看她。」
女侍者端來雪利酒。
「敬李將軍，是他結束了內戰。各位是不是都過了一個快樂的聖誕假期呢？」碧碧舉起酒杯。
「我知道愛麗絲當然是。」夏綠蒂說，「和往年一樣，她寄來的聖誕節書簡讓人印象深刻！」
天哪，除了愛麗絲，其實所有人都討厭死那些聖誕節書簡了。愛麗絲應該被列入《紐約時報》小說排行榜暢銷作家才對！有誰的小孩會在七個月大就被訓練坐馬桶，六歲就獲選為亞特蘭大交響樂團客席指揮，還會用法文寫感謝信？而且她們一家人印在書簡上的全家福照片簡直就像明星家族寫真；這究竟是她們其他人的錯覺，或是愛麗絲一家子每年都固定去把牙整得越來越好？

「我倒是過了一個最快樂的聖誕節，」碧碧主動說，「蒂蒂請我們全家去她家過節，真是體貼！她如果是我的女兒，我一定愛死她了。你呢，瑪麗，你的孩子有回家嗎？」

家！傑夫送了她一個沙拉脫水籃，把萵苣放進去轉幾下就能脫水；然後在聖誕夜打電話回來，說帶家人去度假紓壓。一個三十四歲的刮鬍水銷售員，生活能多緊張到需要紓壓？珍妮佛則送她一只昂貴的主管款式手提包，裡面有八十三個小隔間，方便外出上班的女性；問題是，她又不上班。羅蘋最令她失望。她送了一套形狀酷似獨角獸的胡椒罐與鹽罐，還附了張字條——「這些罐子讓我想起你和爸爸。我愛你們。羅蘋。」

「他們都很忙，不過他們還是一樣愛亂花錢。想想看，我明明告訴他們我在減肥，他們還是送我高檔巧克力。」一夥人都在等候瑪麗的回答。

「華特還喜歡退休生活嗎？」碧碧轉向夏綠蒂問道，然後招呼侍者過來，又點了雪利酒。

夏綠蒂強迫自己面帶微笑。她和華特的婚姻生活有好有壞，不過，近來午餐輪不到她下廚。打從華特退休那天起，他就像個不請自來的投機客，占領了她的廚房。

華特退休後的第一個星期，她走進廚房問：「你到底在幹嘛？」

他回答：「假如上帝容許我活久一點，就該讓我清洗你的排油煙機。夏綠蒂，要是我像你管廚房那樣管我的辦公室，我們幾年前早就餓死了。」

華特把她的所有調味料按照字母排列整齊，逢年過節便喝酒慶祝，甚至連「全國足部健康週」、一家污水處理廠的落成典禮，以及她從儲藏室取出皮草大衣那天……任何名目都能喝上一喝。

「想不到退休有這麼多好處，」夏綠蒂說，然後小聲交代侍者：「整瓶酒都拿來。」

「不過，你們有誰和我一樣，對電視感到厭煩嗎？」愛麗絲問，「我是說，現在只要一打開電視，就會看見那些人張大嘴巴親嘴的噁心鏡頭。」

「現在都是這樣。」碧碧說。

「對了，愛麗絲，」瑪麗說，「你女兒最近好嗎？」

愛麗絲微微皺眉，三十二歲的康妮已有兩次婚姻紀錄，認真交過兩個男友，生了一個孩子，同時還宣告破產。但愛麗絲卻在聖誕節書簡上說——「康妮目前正在寫小說」。

夏綠蒂差點打翻一杯葡萄酒，幸好及時扶住。她把一根手指頭放在唇上，示意大家別說出去。「千萬不能告訴華特。我有沒有告訴過你們，前天他竟然在門口對我大喊：

『這些酵母菌再過三個小時就要過期了！』最後我要他自己把它吃掉……」

「有誰要吃鬆餅嗎？」愛麗絲說。

「你以為只有你有煩惱嗎，」碧碧說，「我那個北方媳婦不相信我會為寶寶換尿片，她說現在的產品和以前不一樣。我看水管還是一樣沒變啊。」

「你們覺不覺得人生好像白過了？我們花了三十年的心血，到頭來毫無成就感可言？」瑪麗慢條斯理、語重心長地說。

「我愛我的孩子，」愛麗絲辯解，「包括那些和別人同居的。」

「我的孩子始終不曾真正瞭解我，」瑪麗彷彿自言自語地說道，「我從來沒給過他們機會。沒辦法，我必須當他們的榜樣，一定要讓他們看到我最好的一面。我從不在他們面前掉眼淚，不該笑的時候絕不笑。這些年來，他們從沒看過我衣衫不整。你們覺得呢？」

「那樣很好哇。」愛麗絲說。

「那樣才不好，」瑪麗說，「你們知道獨角獸是什麼東西嗎？它是一種神話……神祕……怪誕的動物，有一個馬的身體，頭上長出一根尖角指著每個人，冷漠而不真實，誰也不愛。這就是羅蘋眼中的我，我是隻獨角獸，在她眼中我是不真實的。」

「我們下半輩子該怎麼辦？」夏綠蒂若有所思地說，「不久前，我才覺得一天廿四小時都不夠我做家事，這會兒卻發現自己竟然在替女兒的洋娃娃打扮，把它們一個個擺在床上……。你們有沒有幫洋娃娃熨過兩吋的胸罩？我們現在什麼都不做似乎還太年輕，要為自己爭一片天又似乎太老。」

「如果當年知道現在會這樣，大家的作法會不會不同呢？」夏綠蒂問。

整整一分鐘，沒有人回應。

「我會少說多聽。」碧碧說。

「我會多吃一點冰淇淋，少吃乳酪。」夏綠蒂說。

「我絕不買任何會皺、或減價的東西。」愛麗絲說，「瑪麗，你呢？」

「我會更像個人……而不要像獨角獸。」

瑪麗在她的杯子倒了一點葡萄酒，舉杯說道：「敬李將軍的偉大母親，她在這一天生下一個傳奇的兒子。但要是她在聖誕節收到一個塑膠製沙拉脫水籃，你們想她會做何感想？」

---

1 美國南北戰爭期間的南方聯盟總統。

2 美國南北戰爭的南軍統帥。

【爾瑪媽媽經】

聖誕佳節有求必應

每一年，我的某個孩子總會要求一款遊戲玩具做為聖誕禮物。而且這款年度遊戲向來供不應求，每個孩子都把它列入想要的禮物清單。

電視上的廣告通常從六月份開始大肆宣傳這款遊戲，並且暗示如果它未如期在聖誕節當天出現在你家的聖誕樹下，你就是個很遜的家長，而且總有一天你的孩子會在頭上套褲襪，搶劫便利商店。

到了九月，你的孩子開始高分貝宣告，要是得不到這款遊戲，他就不想活了。他信誓旦旦地保證，這是他唯一想要的遊戲。於是你的壓力來了，說什麼也得找到這款遊戲。為避免引起訴訟，我姑且為這款遊戲取名為「羞恥」，它適合全家玩，電池另購。

到了十月，你家附近商店的「羞恥」全部銷售一空，而且進貨日遙遙無期。但電視廣告依舊繼續煽動，播出一個有媽媽、有爸爸、還有兩個小孩的典型四口之家，圍坐在客廳玩「羞恥」，直到他們快樂得昏死過去。為了它，你忘了要烤水果蛋糕，忘了買聖誕樹，忘了開派對招待朋友，忘了唱聖誕歌，忘了寄聖誕卡，或者忘了替家裡做聖誕裝飾。總之，每天早晨按下鬧鐘，兩腳踩地，你立刻高呼：「今天一定要找到『羞恥』！」

到了十一月中旬，你從朋友那裡得到情報，說北部的某個折扣商店還剩下兩個，或者某個玩具經銷商櫃子底下還有一個可議價的瑕疵品，於是你長途跋涉近三千公里去尋找這個遊戲。有幾次，你差點就要買下一個類似「羞恥」的產品，例如「羞愧」或「無恥」，但你明白它一定和正品不同。

如果運氣好（才怪），到了聖誕節前，你很可能在櫃檯前和一位老奶奶為了世上的最後一個「羞恥」僵持不下，最後你成功搶得，然後買了電池，帶回家把它放在聖誕樹下。聖誕節當天晚上，你開始整理所有的包裝紙、蝴蝶結、保證書，你的視線落在「羞恥」的包裝盒上，一千九百九十八元的價格標籤如火光般熠熠跳動。孩子們卻在玩一個別的什麼紙盒，捏著氣泡包裝材玩耍。「羞恥」風光一時，卻又稍縱即逝。

我們為什麼要這麼做？為什麼我們會被操控，搶購一款我們無力負擔的玩具，還對一個人氣壽命短暫的東西產生興趣？有幾個原因。一是做父母的基本上都缺乏安全感，不得不用金錢收買情感。二是我們的記性都很差，我們拒絕承認、也不願回想過去那些不斷被拋棄的玩具。

像是那匹馬。還記得牠嗎？那匹棕色的馬每天要喝三百公升的水。牠和我們共同生活了三年，為我們帶來莫大的歡樂，但蹄鐵匠每次來為牠換蹄鐵就要花掉我們一千八百元。而且沒有人願意清理牠腳底的馬糞，因為大家都覺得噁心。牠還會引來一堆蒼蠅，而且牠不喜歡被人騎。牠總共才被騎過十二次。

還有那張乒乓桌。它後來變成一張堆滿了書籍、外套、髒衣服、便當盒、待清洗東西，以及一疊疊舊報紙的大桌子。隔著這張桌子，你連電視都看不到。它的下場是送進車庫，最後終於扭曲變形。有個聖誕節，我們買了一整套皮面燙金、裡面有三千張圖片的百科全書。它理應為我們全家提升文化，但在我的記憶中它只被用過兩次——第一次是用來找出夏娃的插圖，她在第五冊中全裸；第二次是新沙發送來時，它被用來做門擋。

我還想到，那個照道理應該會使全家更親密的充氣游泳池。它在七月五日的早上正式啟用，七月五日下午正式被封殺；因為有消息傳出，社區附近某個小男孩喝了五杯葡萄汁「醉」得不省人事，十二個小時之後才離開那個游泳池。

對了，還有那幾支冰上曲棍球桿，它們很占空間，至今還放在儲藏室等著捐給慈善機構。它們失寵的原因是——我們發現它們沒有訓練用的輔助輪，而且必須先學會如何穿著溜冰鞋站立不跌倒才行。

我試著當一個好母親、一個慈愛的母親、一個體貼的母親，一個希望看到自己孩子快樂的母親。遺憾的是，換上一副膚淺與冷漠的面孔顯然輕鬆，也便宜許多。

外婆也不好當

翠娃 ❤

自從離開準媽媽迎新會後，翠娃就一直默不作聲。她的女兒葛洛利亞挺著便便大腹費力坐上駕駛座時，翠娃將擤過鼻涕的衛生紙揉成一團，失了神。

她腦子裡想的是葛洛利亞的婆婆蓋兒。打從兩年前蓋兒的兒子娶了葛洛利亞後，那個女人就成了她的心頭之患。

就連在婚禮上她也是個惹人厭的傢伙。新郎的母親照理不應太出鋒頭，這點任誰都知道，可是蓋兒不理會這一套，她穿得像隻花蝴蝶般穿梭人群間，留翠娃一個人有如廚娘般在廚房裡切火腿。

還有，蓋兒送新人的禮物是「去墨西哥度蜜月」，這使翠娃夫婦送的浴室電熱器，看起來顯得寒酸。更糟的是，葛洛利亞似乎覺得連太陽都是從那個女人的後院升起和降落，一切以她婆婆為尊。現在，蓋兒又企圖接收她女兒肚子裡的寶寶——翠娃的第一個外孫！

「媽，你好安靜。」葛洛利亞說，「你開不開心？你能想像蓋兒贏了多少獎品嗎？

想想看，光是『搖籃』一個字就能延伸出另外廿三個字。你一定想不出幾個。」
「我知道一個，」翠娃說，「『屁』字！」
「媽！」葛洛利亞說，「你好意思這樣！」
一陣沉默之後，葛洛利亞先開口：「媽，你知道嗎？蓋兒要幫我們把寶寶出生的那一刻拍成影片耶！」
「停車，我想吐。」翠娃說。
「媽，」葛洛利亞柔聲說道，「你不該嫉妒蓋兒，我的孩子也是你的孫子啊，你們倆都有平等的時間和孫子相處。」
「嫉妒！你以為我嫉妒？」翠娃發出高分貝笑聲，「別開玩笑了。寶寶哪裡分辨得出來，他只會知道我是那個買泰迪熊送他的外婆，而蓋兒是那個買下聖地牙哥動物園送他的祖母。不談了。你覺得火腿好吃嗎？」
「和什麼比？」葛洛利亞問。
「因為我正在想聖誕節晚餐的菜單。」
「媽，現在距離聖誕節還有五個月，感恩節都還沒到呢。」
「感恩節的菜單已經決定了，我們吃你最愛的火雞。」
葛洛利亞減慢車速，放低音量地說：「媽，我們早就談過這件事了，查克和我沒辦法每個節慶都趕場吃兩家人的晚餐——嗯，今年我生小孩後，就是五個人了。如果要讓兩邊家長都滿意，我大概會變成兩百公斤的胖子。」

「你如果想去蓋兒家過節就乾脆說一聲，反正我失望慣了，多一次也無妨。」

「媽，你還記得那個故事嗎，一個聰明的國王與兩個爭奪孩子的女人？」葛洛利亞把車停下來，轉身望著她的母親。

翠娃固執地搖頭。

「兩個女人都宣稱孩子是自己的。最後，聰明的國王把孩子放在他面前的桌上，拿起一把劍說：『很好，既然你們僵持不下，我就把孩子切成兩半。』這時候，那個真正的母親基於無私的愛，立刻衝上前說：『不！把孩子給她吧。』國王立即明白誰才是真正的母親。媽，你明白這個故事的意義嗎？」

「它的意義是，蓋兒不必開口就能得到孫子，而我卻只能和十公斤重的火雞、五公斤重的火腿為伍！」翠娃含淚望著她的女兒。

那天晚上翠娃輾轉反側難以入眠。她不斷看見蓋兒牽著孫子，站在郵輪上向群眾揮手拋彩帶，並承諾會寫信報平安。她恨自己那麼愛計較，可是她多麼渴望再次抱著嬰兒的感覺。她始終無法適應空巢期。

說不定，如果她把空房間改裝成嬰兒房，葛洛利亞或許會讓寶寶到家裡來度週末。

新手父母總是需要獨處時間，她和梅爾也許還能帶著外孫去佛羅里達度假，在海邊築沙堡。

她還幻想有個高大健壯的陌生人對她說：「你看起來這麼年輕，不像個母親。」她紅著臉說：「我不是，他是我的孫子！」然後沉沉睡去。

十年後……

一聽到葛洛利亞的車開進車道，翠娃和丈夫立刻熟練地展開高效率行動。

翠娃從咖啡桌上迅速移開盆栽放進儲藏室，把浴室的門鎖上，將一盆糖果塞到沙發底下，把狗關進洗衣間，取下電視機的選台鈕放進自己的口袋。

她的丈夫梅爾則忙著用塑膠布覆蓋沙發，將他的保齡球獎盃移到冰箱上面，用一張廚房椅子頂住通往地下室的門，再將烤麵包機的罩子覆在電話機上，關上鋼琴蓋遮住琴鍵。

然後夫妻倆口中含著牙籤，代表他們才剛吃過飯。

這次他們打破以往的紀錄，只花了一分又三十六秒。

葛洛利亞拖著四個年紀不到八歲的孩子進門後，頹然坐在椅子上。孩子們立刻散開，彷彿身上都裝了超強電池，只有傑佛瑞坐在地板中央嚎啕大哭。

「他怎麼啦？」翠娃問。

「他在長牙。」葛洛利亞疲憊地說。

「你試過在他的牙齦上抹一點威士忌嗎？」翠娃問。

「倒是我來之前已經先喝過一杯，現在覺得好多了。」葛洛利亞說。

「你來有什麼事嗎？」

「沒什麼特別的事。媽，你有餅乾嗎？」她問，一邊往廚房走去，一邊把櫃子的門打開，「瞧瞧這個，紫米！我在家的時候你從沒買過紫米。」

「你從來不喜歡吃米飯。」

「要是我知道它這麼貴，也許會早點對它感興趣。你們感恩節幾點吃飯？」

翠娃和梅爾互相交換眼色。

「啊，親愛的，我們今年不在家過感恩節，」翠娃說，「我們要出門。梅爾，去看看丹尼，馬桶的水在流。」

「你知道我們有多久沒一起過節了嗎？」

「蓋兒呢？」翠娃問，「葛洛利亞，傑佛瑞的尿布在哪裡？」

「他現在一尿就會自己脫掉。傑佛瑞，去拿你的尿布。我知道……噓噓。蓋兒嗎？喔，他們又要搭郵輪去度假了，我覺得似乎沒有人願意和我們一起度假。」

「小可愛，不要啃錄影帶，給外婆。不要哭！」

「媽，你如果要拿走她手上的東西，得用另一樣東西跟她換。」

「我知道，我正打算這麼做。」翠娃舉起一隻手說。

「真可惜，家裡不像以前那樣滿屋子玩具，那樣孩子們就可以忙一點。媽，你真的把那個房間改成祈禱室啊？」

「我每天都在裡面禱告。」翠娃說，「蓋兒呢？她那間獨立的育嬰室還在嗎？」

「沒了，她三年前把它改成馬廄。」

「房子裡蓋馬廄？」

「無所謂，反正他們沒養馬。哎，我得走了，你感恩節會來看我們吧？」

「當然會。梅蘭妮，那是外婆的爽身粉，一盒要五百塊呢，不可以拿走。下次來再給你玩。梅蘭妮，拜託，別打開……」

「要不要我把它清乾淨？」葛洛利亞說。

「不用了，等你們走後我自己清。」翠娃說，「自己保重。親愛的，還有……要教他們規矩，但不要兇他們。」

車子駛離車道後，翠娃與梅爾機械化地默默進行他們已做過無數次的工作。翠娃兩手各拿一個海綿，開始迅速擦拭每個房間的門框、冰箱和櫥櫃。她把狗從洗衣間放出來，將電視機的選台鈕裝回去，又將盆栽放回光線明亮處。

梅爾拖出吸塵器，將地上的餅乾屑和爽身粉吸乾淨，又將保齡球獎盃從冰箱上拿下來，關掉浴缸的水龍頭，把糖果放回桌上。

翠娃從牆上撕下三片ＯＫ繃，梅爾擦掉鋼琴椅上的玻璃杯水漬。

翠娃走向祈禱室時，梅爾說：「我還記得葛洛利亞第一次沒回來過感恩節那天，你在她的椅子上披了一塊黑布，還把她的照片放在椅子上。」

翠娃皺了一下眉頭：「梅爾，別再提了。」

想念老伴

玫瑰 ❤

玫瑰玩這個「媽媽大風吹」遊戲已經五年多了。除了樂透彩，這是廿世紀規模最大的遊戲，任何地方只要有二至八個玩家就能玩。它的規則很簡單。

找一個寡母，安排她流轉寄宿，直到住進佛羅里達州的女兒家才暫告一段落。四個月後，住在佛州的女兒就會哄她那住在芝加哥的弟弟來接母親。然後住在芝加哥的兒子接手照顧她，直到他成功加諸無以名狀的巨大罪惡感在人住加州的妹妹身上。

做母親的永遠是輸家。

玫瑰的飛航里程累計比太空梭上的太空人還多。

自從她的丈夫賽摩四年前去世後，玫瑰每隔四個月便得換一次臥房。她一直夢想能擁有一個安適的（養老院之）家，近乎奢侈地擁有自己的房間，高興時就和身邊那些言行怪異的人說說話。

她的孩子們都不依她。他們有責任照顧她，她也有責任忍受它。

而每天晚上，無論身在何處，玫瑰照例要和賽摩說說話——

七月——佛羅里達

「這裡是佛羅里達，那麼現在是七月囉。賽摩，你那裡一切都好嗎？愛蓮、山姆，還有山迪一起到機場接我。你的外孫瘦得像個稻草人，十二歲了，體重大概只有七公斤。家裡沒東西吃，他怎麼胖得起來？所有的麵包都在冷凍庫，櫃子裡的保鮮盒裝的都是快發芽的穀類，上面淨貼些『天然』字樣。不是我有意讓你擔心，但我看他恐怕活不過十二月。

「和以前一樣，我睡客房。還記得你臨終前住的那間恢復室嗎？和它的裝潢類似。這間客房平常是儲藏室，我就睡在一張乒乓桌和一架燙衣板旁邊，那架燙衣板打從他們搬到這裡後就不曾收起來。

「愛蓮還是老樣子。她的冰塊依然有甜瓜的味道，而且從不認為房子積灰塵有什麼奇怪的。賽摩，我們到底哪裡沒做對？幸好你不在，不必看到這一切。我們的女兒甚至不用肥皂水清洗碗盤，把它們沖乾淨，再放進洗碗機。

「我得走了。愛蓮在廚房忙著，今天晚餐的主題是韓國料理。再這樣繼續用筷子吃飯，我很快就會餓死了；再這麼下去我們很快就要見面了。開玩笑的，賽摩。」

十月——佛羅里達

「賽摩，你在嗎？你喜歡我的髮型嗎？愛蓮說，我應該把頭髮梳到後面挽成一個髻，但我覺得那樣看起來顯老。如果你也覺得這種髮型使我看起來老氣，請給我一點暗示，像是把這裡的濕度降到百分之九十六之類的。

「我今天有兩次差點昏倒。你還記得我們送給愛蓮當結婚禮物的那些銅底鍋嗎？賽摩，你一定不相信，我今天看到它們了。我說：『這就是我們買給你的那些鍋子嗎？』她回答：『有什麼問題嗎？』我說：『你每次用完之後，沾一點清潔劑，把它們刷乾淨會死嗎？我可沒教你做事這麼邋遢。』

「近來沒什麼大事。我自己付我的健康保險費。愛蓮和山姆要我和他們一起出去吃飯，但上一次我們要出去吃飯前，我在屋裡洗杯子，他們卻猛按汽車喇叭催我，害我差點昏過去。到底有什麼好急的呢！

「對了，我聽到山姆和羅塞爾講電話，看來我要去芝加哥了。許多人在那裡過冬。你要多保重。」

十一月——芝加哥

「哈囉，賽摩，猜猜我是誰？我想問你一件事，你上天堂時，中途有沒有在亞特蘭大停留五個鐘頭？如果有，那我不去了。

「你兒子看起來還不錯。芭芭拉一如預期也很不錯。孫子們依舊沒有脖子，我實在想不通，我們的兒子羅塞爾出生時有脖子呀。我的猜測是，這四個孩子整年都生活在寒冷的氣溫底下，所以老縮著脖子。

「媳婦芭芭拉每天晚上都和我玩溫度調節器的遊戲。我不懂，她怎麼受得了室內這麼冷。昨天晚上她說：『房間涼一點對身體好。』我說：『誰說我在睡？我連打個盹都不敢，怕會一睡不醒。』

「我們的媳婦做事很認真。四個孩子的媽，她現在正努力訓練大衛坐馬桶。她為他買了一個小馬桶座，每次他小便，馬桶就會叮噹奏樂。而且她盡心盡力照顧我，做飯給我吃，幫我洗衣服，提醒我吃藥；而且每次我去上廁所，她就會立刻把我的沙發床回復成沙發。

「你有打高爾夫嗎？下次再聊。」

二月——芝加哥

「賽摩，老實告訴我，我真的老了嗎，還是冬天太長了？今天我站在窗前，竟想不起青翠的草地長什麼模樣。我問芭芭拉，她卻只是站在那裡不發一語地望著我，或許她也忘記了。大部分的時間我都在看連續劇，可惜你看不到，這些連續劇肯定能讓你的心臟恢復跳動。今天我去看牙醫，他說我應該重新做一副假牙。賽摩，荷包抓牢一點，做一副假牙得花十六萬。我告訴芭芭拉這件事，她卻說：『你都七十二歲了，整牙做什麼？』

「今天，羅塞爾和茱蒂談過了，他說茱蒂離婚後很寂寞，希望我去看她。我突然覺得自己又老又累。也許等我去了加州，那裡的空氣污染、森林大火、水災和地震能讓我開心一點。」

三月——加州

「賽摩，我知道我才剛到加州，但我必須和你說說話。咱們的女兒茱蒂不久前做了拉皮。天哪，她才四十三歲，那張臉能皺到哪裡去？我看著她總覺得哪裡不對勁，她現在一天廿四小時臉上都帶著驚訝的表情。

「你的外孫馬帝從機場回家的途中和我長談了一下。我告訴他做假牙的事，他和你說的一樣——『做吧。』」

四月——加州

「賽摩，我們不能再這樣偷偷摸摸見面了！開玩笑的，真高興聽到你的笑聲。我今天交了一個朋友。你知道我最討厭烘衣機，所以拿了一、兩件馬帝的襯衫在後院拉起一條曬衣繩晾衣服。結果我認識了隔壁一位也是來探望兒子的婦人——你做好心理準備了嗎？她竟然和我一樣，倒掛襯衫，而不是掛著領口晾衣服。

「她邀我明天去參加一場告別式。我可能會去……嗯，我只是想再體驗一下那種瑟然的氣氛。另外，想必一直在天上一直看顧我們的你肯定會知道，但我希望由我來告訴你。茱蒂目前和一個叫派屈克的男人約會。我問他：『請問貴姓？』他回答：『墨菲。』我說：『本家是哪裡……？』他說：『什麼本家？』」

到了五月，玫瑰懷疑自己的生活即將面臨重大轉變。因為通常這個時候，她已確知自己即將前往佛羅里達。但最近電話頻頻。茱蒂在晚間壓低嗓門和愛蓮、山姆講電話。羅塞爾和芭芭拉也打電話給茱蒂。茱蒂不時點頭說：「我注意到了。」

到了六月，茱蒂把母親找來廚房談話，說全家人都發現她的舉止「怪異」。芭芭拉說，玫瑰住在芝加哥時站在窗前喃喃自語！她很替玫瑰擔心。愛蓮則淚眼汪汪地報告，有天晚上她從臥室偷偷觀察玫瑰，發現她正在和乒乓桌對話。

他們大家一致認為——玫瑰應該住進養老院。

房間陳設很簡單，但玫瑰自有辦法。她從以前的家當中找出搖椅和幾個靠墊，還把一些她珍藏的玻璃器皿也帶了過來。但她在打開行李之前，照例要和賽摩溝通一下。

「你在這裡嗎？」她望著天花板說。

「你一定不相信，但我竟然得路過亞特蘭大才能抵達這裡。我一直以為從加州到科羅拉多是一直線的距離，不是嗎？」玫瑰從眼角瞥見一名養老院房客走了過來。「賽摩，等等，有人來了。」

她的訪客說：「你在和賽摩說話？我丈夫兩年前過世，他老是提到一位叫賽摩的人。他打高爾夫嗎？他的差點桿數是？」

失智的母親

以瑟 ❤

以瑟不相信自己的母親正逐漸變成失智老人。

她為自己找合理的解釋——本來就有許多八十二歲的老太太，每個星期都逃家，然後坐在公園裡自言自語，並控訴電影《金玉盟》男主角卡萊葛倫是她非婚生孩子的爸。

以瑟的醫生、教區牧師、丈夫都紛紛勸她不要再把母親留在家裡同住，但她不聽。海倫阿姨也一再勸她：「以瑟，面對事實吧，珍妮的腦袋已經不清楚了。她是我姊姊，我也愛她，但我告訴你，正常人不可能在不給糖就搗蛋的萬聖節，以番茄糊罐頭代替糖果。」

「那是我的錯，廚房太暗，她只能看到什麼抓什麼。」以瑟為母親辯護。

以瑟對母親去留的重擔感到可怕。這個責任從什麼時候開始落到她身上？是三年前在父親的喪禮上，她摟著母親信誓旦旦說會照顧她那時開始的嗎？不，不，更早之前，母親已變成孩子，孩子則成為母親。

以瑟結婚後不久，便開始聽見童年時代母親說話的回響。

「媽，你還沒準備好嗎？醫生不等人的。」（以瑟，不要再磨蹭了，等你去到學校，大家都要放學了。）

「媽，你禮拜三過來好了，我幫你燙頭髮。」（以瑟，不要動，讓我把你的頭髮夾好，這樣你就會有一頭捲髮。）

「媽，你試試這件洋裝，它會讓你看起來年輕些。」（小姐，我不管你怎麼說，那件衣服你穿實在太老氣。試試這件。）

「媽吃水果拼盤。她很想吃『帕瑪起司小牛肉』這道菜，但我怕她吃太飽，一整夜睡不著。」（我認識一個小女孩，食量明明很小，卻又什麼食物都想嘗。）

起初她的母親很抗拒，但很快便退守回孩子的位階。以瑟記得過了一陣子之後，她開始幫母親撥電話，為她倒咖啡，每次要踩煞車便不自覺伸出一隻手抓住母親。

威權正式轉移。

母親的記憶反覆無常。上一分鐘她還記得四十年前在俱樂部餐廳用餐吃的每道菜，下一分鐘她提到外孫時卻說「那個叫什麼名字的」。以瑟已經數不清，母親有多少次把咖啡壺的濾杯連同咖啡渣一起扔進垃圾桶。有時珍妮會變得很暴躁，動不動就吵鬧，對以瑟很兇。她逢人便訴苦，說以瑟打牌作弊，還在她的麥麩碗裡下毒企圖害她。她告訴自己的妹妹海倫：「我寧可精神失常而死，也不要被毒死。」有天晚上，她甚至對來訪的客人淚汪汪地說，女兒虐待她，逼她看不喜歡的電影特輯。

這些指控使以瑟心碎。

有一天，關鍵時刻到了，以瑟的丈夫帶珍妮去投票，回家後，她的丈夫說：「是該安排一下珍妮了。」

「怎麼了？」以瑟問。

「她剛才投給了民主黨。她自己要是知道，一定會氣得痛不欲生。」

八個月後，以瑟到「寧靜養老院」幫母親辦了入院手續。

他們把母親的行李送進房間時，以瑟說：「媽，這個房間不錯。」

「這裡有竊聽器，」珍妮說，「而且房間很小。你乾脆把我放在冰山上，讓我在海上漂流算了。愛斯基摩人就是這樣。」

「媽，我不可能那麼做。」以瑟疲倦地說。

「你大概把我的雕花玻璃杯都賣掉了吧。總有一天你也會老。」

「媽，我已經老了。」

「那倒是真的。你打包了我的皮草大衣嗎？」

「現在是七月，你還穿不到。等天氣變冷，我再幫你送來。」

「你總是這樣說。你何不乾脆承認你已經把大衣賣掉了。」以瑟坐在椅子上，頭往後靠。她除了沮喪、痛心和慚愧之外，還剩下什麼？她正在做一件可怕的事，她在拋棄自己的母親，把母親交給陌生人照顧。母親犧牲一輩子撫養她長大，她現在卻推卸責任。但以瑟此刻要面對的，卻是一個她再也不認識的人。母親活在一個陌生的新世界已經有一段時間了。那是一個只容得下過去、卻容不下現在與未來的世界。她試過，但她進不去，她也不想進去。她要的是以前的世界，一個讓她母親活在比現在更溫柔、也更有主張的世界。這些陌生人能瞭解她母親的世界嗎？

「珍妮，你還需要什麼嗎？」一位護理人員走進來說。

「你是不是偷了我的手錶？」珍妮瞇著眼睛問。

「沒錯，它很珍貴嗎？」

「那是卡萊葛倫送我的，我在訴訟案中指名道姓他是我孩子的爸，所以他只好用這只手錶收買我。」珍妮站在來人面前，小心翼翼查看對方的眼神。

「唉，我和克林伊斯威特的狀況也是這樣。」那位護理人員說。

兩人一起離開房間。

珍妮小聲地說：「克林伊斯威特，就是那個老是瞇著眼睛看人的傢伙嗎？」

以瑟目送她們的背影離去，好一陣子才擦乾眼淚打起精神。說不定這麼做是對的。也許是自己無所不在的存在，喚醒母親對舊世界的敵意，那個只留給她多疑與反覆的舊世界；或許這就是母親對她發洩怒氣的原因。唉，明天再傷腦筋吧，等她把母親的皮草大衣帶來再說。

爾瑪的母親

爾瑪 ❤

每當有人問：「身為爾瑪‧邦貝克的母親有什麼感想？」我的母親便回答：「糟透了，但總得有人來做這件事。」

如果不為我的母親帶上一筆，這本書就不算完整。而且她老人家此刻也正在檢查，看我有沒有在文章中提到她。

當提到「母親」一詞時，我的腦海聯想到的名詞包括——收集紙盒的人、麵包上的肉汁、在任何地方率性說真話、可能是第一個獻出深情舌吻的人、勇氣、無盡的愛。

我的母親是在孤兒院長大的。她十四歲結婚，廿五歲守寡，生了兩個孩子，只有小學四年級的教育程度。根據她在保險單上的身高與體重，她又高又壯，應該去當湖人隊的後衛才對。但她的血液缺鐵，肩膀一邊高一邊低，而且有咬指甲的習慣。

她是我所見過最美麗的婦女。

我始終記不得她現在幾歲，所以我把它設定在「三十三歲」，從此不去想年紀這件事。在我成長的歲月中，我們一路的生活有歡笑也有辛酸，但當我生了三個孩子之後，母女關係終於穩定下來。毫無疑問，這幾個外孫應驗了她的禱告——復仇。

沒有人會比我更支持保障言論自由的「憲法第一修正案」，但「言論箝制」似乎受到更多人支持。當我的孩子讓我忙得團團轉時，這位外婆竟高興得像隻百靈鳥。我從沒想到她會扯我後腿。當我身陷尿片、奶粉、口水直流的苦海時，母親卻迫不及待把外孫抱到她的腿上說：「我告訴你，你媽咪有多壞。她從不睡午覺，從不收拾自己的房間，她的嘴巴臭得像喝得爛醉的水手。我用肥皂洗過她的嘴巴太多次了，甚至不得不把她的舌頭也漿一漿。」

但有時她會站在我這一邊，有她在令人感到心安。

有一次，大概是我廿多歲時，我記得自己站在醫院走廊上，等醫生幫我兒子的頭縫好廿一針。我問母親：「媽，你一直到什麼時候才不再擔心我們？」她只是笑而不答。

我三十多歲時，有一天坐在一間教室的小椅子上，聽我兒子一直在課堂上講話，老師上課時，他不斷打岔，又信誓旦旦宣告他將來要當汽車牌照工人。我問母親：「媽，這種惡夢什麼時候才會結束？」她不發一語。

邁入四十歲後，我的大部分時間都在等待電話鈴響、汽車開進大門、前門打開。我打電話向母親訴苦，問她：「什麼時候才會停止？」她依舊不回答。

等我五十好幾，我已厭倦老是處於劣勢、為孩子擔驚受怕。我希望他們趕快結婚，這樣我就可以停止擔心，過我自己的生活。但我卻不斷想到母親的微笑，以及她曾帶著關心的眼神，開口問我：「你看起來很蒼白，你還好嗎？你一到家就立刻打電話給我，否則我會擔心。」

原來，她一直都在說我最不想聽到的話——「永遠沒有停止的時候。」

我的第一本書出版後，母親陪我去紐約錄影，那是我第一次上電視。我很緊張。她幫我拉洋裝拉鍊時，我說：「我覺得我會失敗。」她把我的身子轉過來，對我說：「如果你走出去表現得一副矯揉造作模樣，沒錯，你肯定會失敗。你會丟你自己的臉。你只能做你自己。」

那天晚上，我接受她的忠告，走出去做我自己，但表現得一塌糊塗，結果十年後才有機會再度上那個節目。

我怪罪母親，她說：「我哪知道，我是去紐約逛百貨公司的。」

我的母親有許多優點。她創造了許多奇蹟……甚至在她三十三歲的「高齡」，見過她的人無不對她留下深刻印象。她對新鮮事物充滿好奇，對聖誕節充滿熱情。你簡直無法相信她的率真。有一天，一名超市小報的記者敲她的門，想挖一些她女兒不為人知的小道消息。母親請他進去坐，為他端上咖啡，告訴他我的一生，而且從她的生產陣痛開始說起，超級鉅細靡遺。三個鐘頭之後（她才講到訓練我坐馬桶），那個記者已經受不了，告辭求去。母親堅持送他一袋自製手工葡萄乾。那個人從此再沒出現。

我想，每個孩子都會記得自己母親一些與眾不同的美德，很可能是拯救他們免於災難的高竿智慧，或是使他們未來道路走得更平順的一句話。

我則愛我的母親大部分時候不說一句話。也就是在我丟自己的臉、做了錯誤判斷、不得不付出慘痛代價的時候。從我買下一輛已經開了近十五萬公里的二手車，到我決定告訴我老闆「老娘不幹了！」——天知道，我犯了多少本書中提到的錯誤。

現在回想起來，這一定是做母親的最艱難的一件事——明知會有慘烈的後果，卻又覺得自己沒有權利攔阻我的道路。我為母親的所有美德感激她，但我最感激的，就是她從來不曾對我說——「我不是早就跟你說過了嗎？」

後記

媽媽的誕生

爾瑪・邦貝克

上帝創造「母親」時，已經進入第六天「加班」時間。

天使過來對祂說：「祢在她身上花了太多時間。」

上帝說：「祢知道這一個有什麼與眾不同的地方嗎？

「她必須可以水洗，但又不能以塑膠材料製作。

「必須有一百八十個零件，而且每一個都可以汰換。

「必須能夠持續喝黑咖啡和吃剩菜。

「必須要有能令人安枕的腿膝。

「必須能夠親吻，從骨折到失戀都可以療癒。

「而且要有六雙手。」

「六雙手……這不可能。」天使緩緩搖頭說。

「我煩惱的倒不是這六雙手，」上帝說，「而是做母親需具備的三雙眼睛。」

「那算是標準配備？」

上帝點點頭。

「當她問：『你們這些小鬼在裡面做什麼？』時，她要能立刻以一雙眼睛望穿，知道門板後面發生什麼事。另一雙眼睛則長在她的後腦杓，可以看見她不該看到、但必須知道的事。此外，當她的孩子因犯錯而感到愧疚時，那雙長在臉上的眼睛將代替責備憤怒的千言萬語，對孩子流露『我懂得你，我愛你』的神情。」

「我的主，」天使輕輕拉著上帝的袖子說，「去睡吧，明天再……」

「不行，」上帝說，「我快做出一個像我的東西了。我已經做好一個——生病時能治癒自己、懂得精打細算讓一家人吃飽穿暖、還能教會一個九歲大孩子自己淋浴的『她』。」

「她太柔軟。」天使緩緩繞著這個「母親」轉一圈，嘆口氣說。

「但是夠堅強。」上帝興奮地說，「你一定想像不到這個『母親』身上有多少能力和耐力。」

「她會思考嗎？」

「不懂會思考，還懂得講理與妥協。」上帝說。

最後，天使彎腰撫摸「母親」的臉頰。

「哎呀，這裡有道裂縫，滲水了。祢在她身上注入太多東西，壓力負荷不了。」

上帝走過來仔細看了看，輕輕抹起濕潤的水滴，祂的指尖閃閃發亮。

「這不是滲水，」上帝說，「這是淚水。」

「淚水？」天使問，「是為了？」

「為了喜悅、哀傷、失望、悲憫、痛苦、孤單，以及尊嚴。」

「您真是個天才。」天使說。

「天才倒沒能放進去。」上帝難掩黯然。

分享

素人媽媽經

孩子，你趕走我們的疲憊，使我們不無聊，你用旺盛的精力鼓舞了我們。你使我們堅定不移，你一直是我們的愛。

【素人媽媽經】

♥予馨，芍云・高明（sayung）的媽媽／媽媽資歷一年半

閱讀《媽媽這一行》這本書的過程中，我感同身受，有驚嘆、有贊同……。真的，一個才十六個月大的嬰兒，的確能讓新手媽媽充滿挫折、痛苦，卻也感到滿足、幸福。

什麼才是標準的好媽媽？從寶寶出生後，我就一直在想這個問題。

坐月子期間，我因為母奶不足而感到焦躁、緊張、哭泣，再差一步就要憂鬱，幸好當時有朋友跟我說：「當你覺得你已盡了全力卻還不行，那就放棄吧！」媽媽不是萬能的。有時候基於好意，我們總用自己的價值和角度，去提醒或該說是逼迫其他母親也應該要做到什麼程度。但是——每個母親的壓力，不見得另一個母親可以體會。

這本書呈現了不同種類的媽媽，的確，沒有標準的完美媽媽，因為也沒有標準的完美寶寶。一切沒有標準答案，沒有所謂的好父母，只有適不適合這個孩子的父母或是適不適合父母的孩子。我在寶寶出生前做的計畫，在她出生後，沒一個是照著走的……唉，一家人輕鬆一點過就好！

❤艾咪，Laurence和Howard的媽媽／媽媽資歷七年

從懷孕三個月的那天起，每位新手媽媽就會拿到一本「媽媽手冊」，但裡頭記載的不是媽媽懷孕的心情故事，而是孕育一個孩子的過程，所以我可以清楚知道孩子在我肚子裡一個月、一個月的成長過程，直到出生。

孩子出生之後，我們會拿到一本「寶寶手冊」，裡頭一樣記載著孩子的生理發展與每個階段的行為模式。

看來，我們的孩子只要跟這兩本冊子上記載的孕育與成長過程一樣，我們就是成功一半的媽媽了！

我在媽媽這個行業裡摸索了七年，回顧這段旅程，從來沒有一本冊子告訴我，開始當母親之後會有什麼生理變化與該有的心理建設，一切的一切都得靠自己自發地去摸索、體會與感受；或參考坊間的書籍，再不然就是聽取其他婆婆媽媽的建議，又或者直接複製自己母親的作法。更重要的是——這是一個無法辭職、卻又得不眠不休的行業！

而當我讀完《媽媽這一行》這本書，不禁有個感想——啊，總算有人鉅細靡遺描述了這種為人母真真實實所體會「我當媽媽了！」的心情，而且真的就和書中所描述的幾乎一樣——我的確沒有世人歌頌「母親真偉大」的那種感覺，而是除了累，還多了兩個黑眼圈與好幾條皺紋（淚）。

這本書的作者邦貝克女士描述了各種不同類型的「母親角色」，時而讓人會心一笑，時而哽咽。她並非迂迴地頌讚母親這個角色，而是貼切描繪生活中形形色色的媽媽，真的很讓人感同身受。

若你問我：「你喜歡這個職業嗎？」我會說：「喜歡！」因為這是唯一不受尊寵、無分貴賤的工作。每一天跟孩子的生活，都充滿了刺激與冒險，當然還有感動。

還有一件最重要的事，那就是，唯有當了母親，你才會開始了解自己母親的辛苦。有時看見孩子對自己的反應，其實就像一面鏡子，也不禁讓我想到，我是不是也這樣對待我的母親呢？

❤林幸萩，莊Arthur和莊Louis的媽媽／媽媽資歷六年

《媽媽這一行》書中的情境，在我們的人生經驗裡真的都發生過，也許是與自己的父母、也許是與自己的子女所共同經歷。但我們往往不易從與自己父母的相處過程（過往成長經驗）中獲得警示，因此總是不自覺把不很恰當的經驗套用到自己的孩子身上，衝突、後悔於是不斷重演。

這是一本讓我非常震撼的親子教養書，顛覆、跳脫以往的教養思維與模式，沒有軟硬兼施的教條式勸說，而是又直接又殘酷地將父母們自以為是的愛——大剌剌攤開。

初看書裡刻畫的焦慮緊張親子關係，還真令人覺得憂心，而作者並未提供標準答案、解決步驟，奇妙的是，看完每個篇章後，卻能在腦中激盪出自我對話。每個孩子、每段親子關係都是獨特的，讀讀這本書，相信一定能發酵出適合且屬於自己的教養方式與親子關係。

❤祥慧，譯勻和乃勻的媽媽／媽媽資歷八年四個月

還沒有為人母的時候，我總是與小孩保持距離，但居然在當媽之後，開始喜歡親近小孩……母親的角色開啟了我的母性。

看著孩子天使般熟睡的臉，或是聽到她們說：「馬麻，我好愛你喔！」再嚴厲的心也會變得柔軟。當了媽媽才開始學習怎麼當，而且會是一輩子的功課。

正如《媽媽這一行》書中所述，母親有很多種類型。我並不想當個好母親，而想當一個讓孩子快樂的母親。

❤怡潔，恩翔的媽媽／媽媽資歷五年

我從未思考過，媽媽，這個母親的角色，也算是行業。如果勉強算是，那應該沒有人會應徵吧！因為又花錢、又費體力、又勞心，最重要的是沒有報酬，畢竟誰喜歡沒有

佣金的工作，而且是廿四小時不打烊！

可是我卻愛上了這份沒有報酬、沒有薪資、必須廿四小時超時的工作……我的孩子注意力不集中，我們通稱「過動症」。但在還沒有察覺前，我一度痛苦到想出走，心裡有很多「為什麼、為什麼、為什麼我的孩子不能聽懂我說的話！」的辛酸。他總是精力旺盛，把大人折磨得要瘋了。

但也許因為我有信仰，在祈禱中我看清自己。我真的努力了，每一件事都盡心盡力親力親為。我只是一個平凡的女人，想要守護我的寶貝為什麼會這麼辛苦、這麼束手無策。上帝給我這個禮物，是為了考驗我嗎？我聽到了祂的聲音，祂說：「沒有人是完美的，你做得很好。」

半年前，孩子上學了，兩個月後老師要我帶翔翔去看兒童心智科，這時才發現他因為有過動症，雖然也想照著媽媽的要求做，可是身體就是不受控制想要破壞。理解孩子之後，我們之間又慢慢恢復甜蜜期囉！

為了可以和寶貝好好溝通，我也一直在看教育孩子方面的書籍。《媽媽這一行》這本書很棒，是寫給媽媽的，讓媽媽的心裡能有個出口，了解自己有何等的價值。

媽媽這個行業，我終於入行了。

❤黃琦，宇辰的媽媽／媽媽資歷十五年

忽然覺得自己很幸運，不是生活在美國教養孩子。

我想我會受不了與丈夫外出度過一個看電影的週五夜晚，回家時，卻發現自己家門前車道上，停駐著三輛警車與四、五十位穿著睡衣的鄰居，四處張望發生了什麼事情。

雖然兒子剛出生的時候，我曾經躲在廁所裡痛哭，想著幹嘛要辛辛苦苦生個孩子讓自己受苦……但時間真的是治療心靈的最好傷藥，而且幸運的是，他沒有好動調皮到過動，也沒有一天到晚亂吞東西嚇人。

雖然《媽媽這一行》一書以生動幽默的筆法告訴我們，家裡的小天使與魔鬼僅有一紙之隔，但孩子還是很可愛的，只要大家多往他們的好處想就行，甚至還會期待寶貝們的成長呢！

❤淑卿，承諺的媽媽／媽媽資歷七年

媽媽這一行，我邁入了第七個年頭。

當媽以前，每次在車上遇到那種吵鬧的小孩我都會很不耐煩，就像《媽媽這一行》書上說的，我每次都會想，是什麼樣的媽媽會——放任小孩恣意地在車廂內吵鬧？然後，我經常忍不住對小孩的媽媽說：「可不可以請你們安靜一點。」

當媽之後，我才明白，原來小孩真的有很多種，是天使與惡魔的綜合體。天生氣質的不同所展現的行為模式也不同，所要給予的教導也不同，實在很難一概而論。不過就像書上寫的，媽媽也有很多種，有的比較愛自己，有的勇敢面對，有的比較在意在外人面前的形象，而忽略了親子間相處的時光。

我想，孩子是無法選擇的，但自己應該可以選擇要成為怎樣的媽媽吧！所以我期望自己能——再堅韌一點、再幽默一點、再和藹可親一點（這可能是我家小孩心裡的潛台詞）、再放輕鬆一點，這樣就完美囉！

送上我家唸小一的承諺，最擅長的搞笑照樣造句。「就是」——我媽媽皺眉頭就是要生氣了……

❤李莎，皓皓和芯芯的媽媽／媽媽資歷十二年

踏入媽媽這一行後，充分體會到當媽媽不難，但要當一名稱職的媽媽真的不簡單。

這本《媽媽這一行》讀著讀著，我不禁要想；「我在孩子心目中是怎樣的媽媽呢？」

我一定不是完美的媽媽，我只是個愛孩子的平凡母親，如果可以，真的很想當一個全職的媽媽，只因不想錯過孩子成長過程中的每一段精采。

當了媽媽之後，孩子變成生活重心，占去了許多自己的時間，再也沒有單身時的白由。隨著自己的青春不斷逝去，而孩子一天天健康平安長大，我想媽媽們都是無悔的，因為這是「媽媽這一行」最欣慰的成就吧！

❤毓華，培杰的媽媽／媽媽資歷一年半

我家寶貝，好像沒有這本書裡描繪的孩子那麼難帶，那麼棘手。也許是因為他才一歲半，年紀還小，也或許是我們運氣好，真的有個好孩子。

不過有時龜毛起來，還是讓人又好氣又好笑。

像是那天在回家路上，照例通常讓他吃香蕉或蘇打餅乾。他喜歡像書畫裡的小猴子一樣，連著香蕉皮拿著吃，眼看就要吃完，再要幫他往下剝他卻不吃了。隔天我學乖了，把香蕉皮剝到底，沒想到人算不如天算，香蕉太長斷掉了，而這樣他也不吃……

我除了和先生兩人默默地把香蕉吃掉，免得浪費之外，我們也只能像《媽媽這一行》書裡的父母親一樣，大嘆父母難為啊！

❤連思慧，沐恩的媽媽／媽媽資歷四年

台灣的奇蹟，曾創下無數的第一，然而「全球生育率倒數第一」的排行，卻代表有

越來越多人將養兒育女視為是「高風險」、但不必然是「高報酬」的投資。

於是，我們給予勇於投入教養行列的爸媽一個新封號——「創投家」。《媽媽這一行》書中將親子間的競合關係（或者應該說勝負已定），描繪得讓人心驚膽跳又拍案叫絕，只能說孩子其實都是「精算師」，虧欠他的成長陪伴時間，他一定會連本帶利爭取回來！

國家圖書館出版品預行編目資料

媽媽這一行:世上第二古老的職業/爾瑪・邦貝克
(Erma Bombeck)著;林靜華譯.
—— 初版 . ——臺中市　:好讀 , 2011.05
面:　 公分,——(小宇宙;09)

譯自:Motherhood:The Second Oldest Profession

ISBN 978-986-178-187-7(平裝)

1. 母親 2. 親子關係 3. 文集

544.14107　　　　100005601

好讀出版

小宇宙 09

媽媽這一行——世上第二古老的職業

作　者/爾瑪・邦貝克Erma Bombeck
翻　譯/林靜華
總 編 輯/鄧茵茵
文字編輯/簡伊婕
美術編輯/張裕民
封面插畫/ yuyu
行銷企畫/陳昶文
發 行 所/好讀出版有限公司
台中市 407 西屯區何厝里 19 鄰大有街 13 號
TEL:04-23157795　FAX:04-23144188
http://howdo.morningstar.com.tw
(如對本書編輯或內容有意見,請來電或上網告訴我們)
法律顧問/甘龍強律師
承製/知己圖書股份有限公司　TEL:04-23581803

總經銷/知己圖書股份有限公司
http://www.morningstar.com.tw
e-mail:service@morningstar.com.tw
郵政劃撥:15060393 知己圖書股份有限公司
台北公司:台北市 106 羅斯福路二段 95 號 4 樓之 3
TEL:02-23672044　FAX:02-23635741
台中公司:台中市 407 工業區 30 路 1 號
TEL:04-23595820　FAX:04-23597123

初版/西元 2011 年 5 月 1 日
定價/270 元

Published by How-Do Publishing Co., Ltd.
2011 Printed in Taiwan

ISBN 978-986-178-187-7

讀者回函

只要寄回本回函，就能不定時收到晨星出版集團最新電子報及相關優惠活動訊息，並有機會參加抽獎，獲得贈書。因此有電子信箱的讀者，千萬別吝於寫上你的信箱地址

書名：媽媽這一行——世上第二古老的職業

姓名：＿＿＿＿＿＿＿ 性別：□男 □女 生日：＿＿年＿＿月＿＿日

教育程度：＿＿＿＿＿＿＿＿＿＿＿＿

職業：□學生 □教師 □一般職員 □企業主管

□家庭主婦 □自由業 □醫護 □軍警 □其他＿＿＿＿＿＿＿＿＿

電子郵件信箱（e-mail）：＿＿＿＿＿＿＿＿＿＿＿＿ 電話：＿＿＿＿＿＿＿

聯絡地址：□□□＿＿＿＿＿＿＿＿＿＿＿＿＿＿＿＿＿＿＿＿＿＿＿

你怎麼發現這本書的？

□書店 □網路書店（哪一個？）＿＿＿＿＿＿＿＿＿ □朋友推薦 □學校選書

□報章雜誌報導 □其他＿＿＿＿＿＿＿＿＿＿＿＿＿＿＿＿＿＿＿＿＿

買這本書的原因是：＿＿＿＿＿＿＿＿＿＿＿＿＿＿＿＿＿＿＿＿＿＿＿

□內容題材深得我心 □價格便宜 □封面與內頁設計很優 □其他＿＿＿＿＿＿

你對這本書還有其他意見嗎？請通通告訴我們：

＿＿＿＿＿＿＿＿＿＿＿＿＿＿＿＿＿＿＿＿＿＿＿＿＿＿＿＿＿＿＿＿＿

你買過幾本好讀的書？（不包括現在這一本）

□沒買過 □ 1 ～ 5 本 □ 6 ～ 10 本 □ 11 ～ 20 本 □太多了

你希望能如何得到更多好讀的出版訊息？

□常寄電子報 □網站常常更新 □常在報章雜誌上看到好讀新書消息

□我有更棒的想法＿＿＿＿＿＿＿＿＿＿＿＿＿＿＿＿＿＿＿＿＿＿＿＿

最後請推薦五個閱讀同好的姓名與 E-mail，讓他們也能收到好讀的近期書訊：

1.＿＿＿＿＿＿＿＿＿＿＿＿＿＿＿＿＿＿＿＿＿＿＿＿＿＿＿＿＿＿＿

2.＿＿＿＿＿＿＿＿＿＿＿＿＿＿＿＿＿＿＿＿＿＿＿＿＿＿＿＿＿＿＿

3.＿＿＿＿＿＿＿＿＿＿＿＿＿＿＿＿＿＿＿＿＿＿＿＿＿＿＿＿＿＿＿

4.＿＿＿＿＿＿＿＿＿＿＿＿＿＿＿＿＿＿＿＿＿＿＿＿＿＿＿＿＿＿＿

5.＿＿＿＿＿＿＿＿＿＿＿＿＿＿＿＿＿＿＿＿＿＿＿＿＿＿＿＿＿＿＿

我們確實接收到你對好讀的心意了，再次感謝你抽空填寫這份回函

請有空時上網或來信與我們交換意見，好讀出版有限公司編輯部同仁感謝你！

好讀的部落格：http://howdo.morningstar.com.tw/

請填妥後對折黏貼，直接投郵即可，無須貼郵票。

廣告回函
台灣中區郵政管理局
登記證第 3877 號
免貼郵票

好讀出版有限公司　編輯部收

407 台中市西屯區何厝里大有街 13 號
電話：04-23157795-6　傳真：04-23144188

沿虛線對折

購買好讀出版書籍的方法：

一、先請你上晨星網路書店http://www.morningstar.com.tw檢索書目或直接在網上購買

二、以郵政劃撥購書：帳號15060393 戶名：知己圖書股份有限公司並在通信欄中註明你想買的書名與數量

三、大量訂購者可直接以客服專線洽詢，有專人爲您服務：客服專線：04-23595819轉230 傳真：04-23597123

四、客服信箱：service@morningstar.com.tw

FUN OUTING ROOTOTE®

about ROOTOTE...

ROOTOTE創立於2001年，為日本最具代表性的托特包品牌。
什麼是ROOTOTE？字義上有著「搬運、背負、攜帶」的意思，ROOTOTE所代表的包包，強調可以承載相當容量、揹提輕便，是每個人身上最基本的隨身好物。
日本紀念日協會更將10月10日定為"TOTE DAY"，舉辦《TOTE AS CANVAS》徵求包包設計活動比賽。

ROO POCKET

ROOTOTE的特色...

ROOTOTE系列托特包特色在於加入宛如袋鼠育兒袋般方便的側邊口袋，特別取袋鼠之英文名稱KANGAROO的尾音ROO，加上手提袋TOTE，完成「ROOTOTE」的品牌命名。
本著「FUN OUTING！購物樂」為品牌精神，ROOTOTE希望所有的使用者，隨時隨地都能帶著ROOTOTE，購物的同時，除了擁有時尚造型也可兼顧地球環保。

蒂欣有限公司　02-2833-0785　台北市士林區福華路158號2樓　http://www.rootote.com.tw

・天母店　TEL:02-6610-3360
台北市士林區福華路160號1樓(芝山捷運站旁)

・京站店　TEL:02-2558-0557
台北市大同區承德路一段1號B1(台北轉運站B1東側Q小路口)

・統一阪急台北店　TEL:02-2729-6289
台北市信義區忠孝東路五段8號2樓

5/5 OPEN
・台南focus店　TEL:06-222-6968
台南市中西區中山路166號1樓

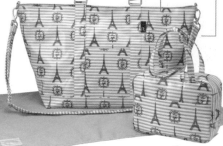

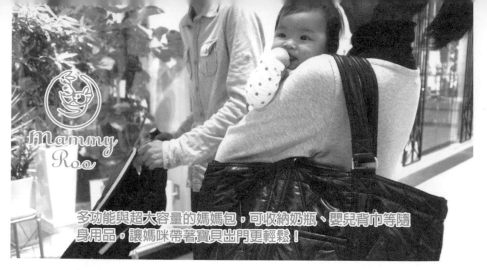

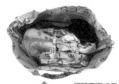

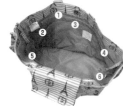

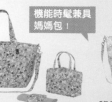

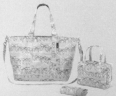

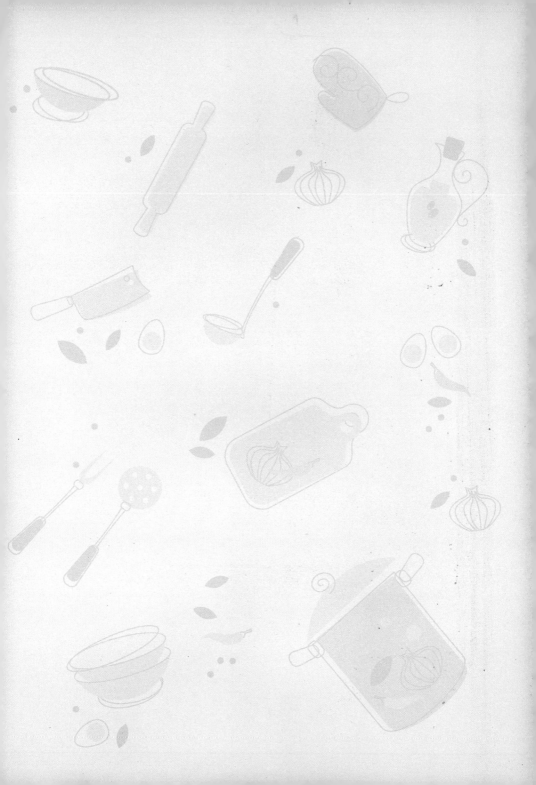